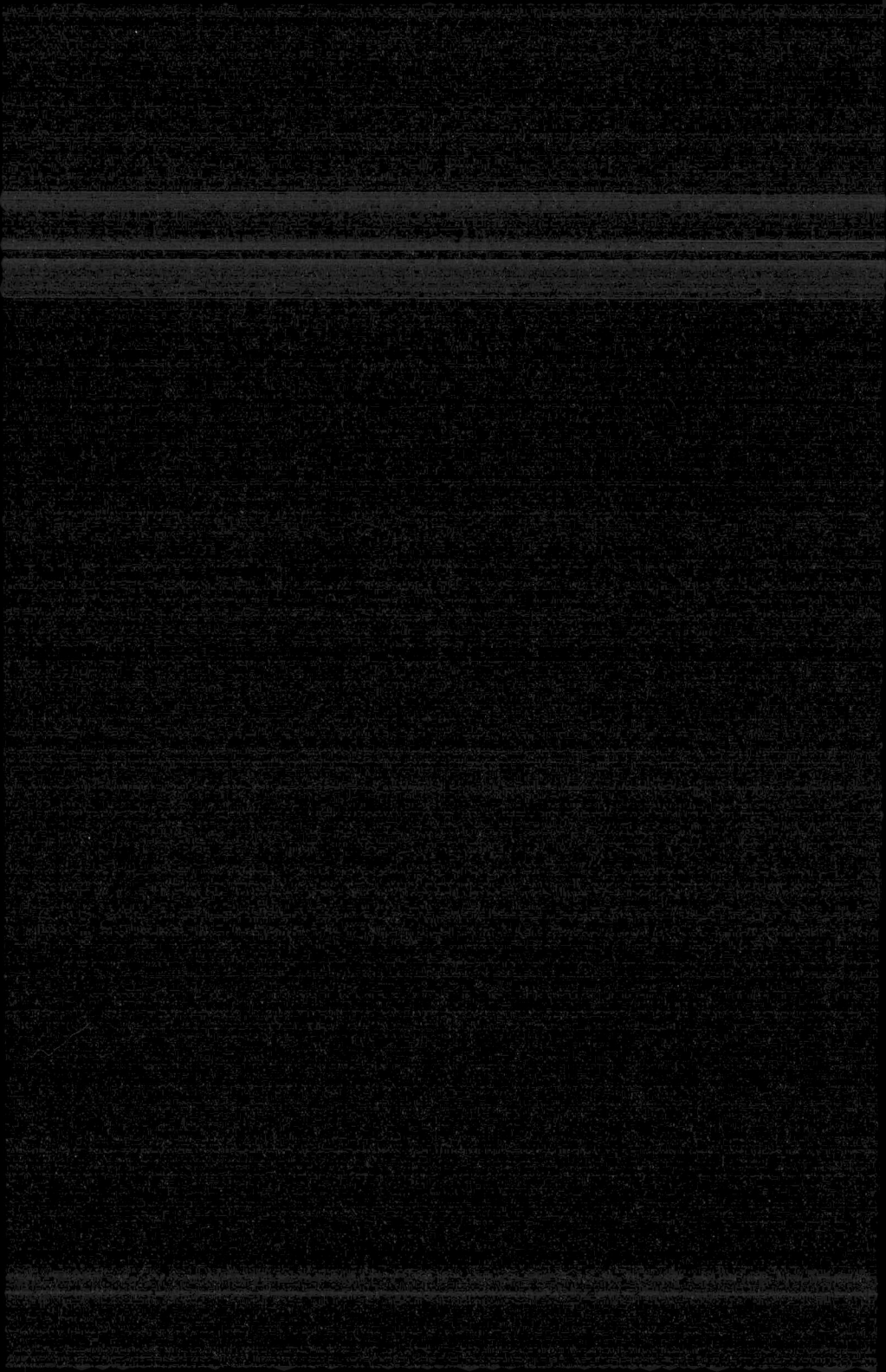

法治的故事
從實例看美國法律

Louis L.S. Tao, Esquire
陶龍生 J.S.D., Ph.D 著

AMERICAN LAW IN REAL CASES
STORIES OF
THE RULE OF LAW

"Give power to the many, they will use it to oppress the few; give power to the few, they will use it to oppress the many; the safeguand is the rule of law."
—— Alexander Hamilton（1788）

「把權力給多數人，他們將用它壓迫少數人；把權力給少數人，他們將用它迫害多數人；法治才是安全保障。」
——亞歷山大・漢彌爾頓（1788）

"It is the province of this Court to say what law it is."
—— John Marshall（1803）

「確認什麼是（有效的）法律乃是本法院的領域。」
——約翰・馬歇爾（1803）

"No person, not even the President, is above the law."
—United States v. Nixon（1974）

「沒有人，甚至總統，高於法律。」
——最高法院判詞（1974）

目次

前　言　　009

第 1 輯　歷史記載

第一章　兩千年以前　　14

第二章　英國傳統（一）　　17

第三章　英國傳統（二）　　19

第四章　殖民地時期　　21

第 2 輯　美國獨立之後

引　言　建國先賢的期望　　28

第一章　憲法　　29

第二章　法院審案的規程　　32

第三章　詰問證人　　35

第四章　預審中的證詞　　40

第五章　法庭外的供詞　　43

第六章　俘虜的招供　　49

第七章　檢察官的義務　　53

第八章　南北戰爭的陰影　　57

第 3 輯 法院的權威

引　言　面對法官　　62

第一章　司法審核──國會的立法　　64

第二章　司法審核──州政府的立法　　71

第三章　司法審核──總統的行政命令　　76

第四章　拘束聯邦執法人員　　79

第五章　拘束州級警察　　82

第六章　詢問犯罪嫌疑人　　86

第七章　正當程序　　90

第八章　州級「司法審核」　　95

第 4 輯 擴展「審核」範圍

第一章　「身體」的隱私權　　100

第二章　教育平等　　105

第三章　健保立法　　109

第四章　科學證據　　114

第 5 輯　管轄移民

第一章　聯邦的權威　　118

第二章　公民的「出生權」　　121

第三章　對待華人　　125

第四章　In re Tsien（錢學森案）　　130

第五章　廢除州級移民法案　　137

第 6 輯　法庭的尊嚴

第一章　公平審判　　142

第二章　保護陪審團　　152

第 7 輯　審判中的轉捩點

第一章　證人是否可信　　158

第二章　法醫的證詞　　164

第三章　彈劾證人　　170

第 8 輯　當權力與法治衝突時

第一章　追訴副總統　　176

第二章　調查總統　　180

第三章　州長與刑法（Nullum Crimen Sine Lege）　184

第四章　總統持有的證據　189

第五章　在「法治」傳統之下　193

第 9 輯　政治衝撞法治

第一章　Commonwealth of Virginia v. James Fields（2017）　200

第二章　入境禁令和歷史　205

第三章　言論自由的考驗　210

第四章　抗議抑判亂──攻擊國會的法律後果　218

第五章　壓軸戲──評 Texas v. Pennsylvania,et al（2020）　224

第六章　婦女的自主權──從「得」（Roe v. Wade, 1973）到「失」（Dobbs v. Jackson, 2022）　229

第七章　孩子們的公民身分可以被取消嗎？　240

觀察　獨裁政制的配方　250

結語　「法治」　252

後語　253

作者簡歷和著作表　255

作者曾出庭過的法院　258

前言

　　1789 年 13 州代表在費城批准美國的新憲法：第一條界定國會的權限，第二條總統的職權，第三條聯邦法院的地位。

　　新的憲法規定總統是聯邦政府的元首，掌握聯邦的行政權。

　　立憲元勳班傑明・富蘭克林（Benjamin Franklin）說：現在既已成立共和國，希望我們能維持它（Now that have a Republic let see we can keep it）。

　　（Republic 意指全民所有）

　　革命軍總司令喬治・華盛頓（George Washington）眾望所歸，被與會各州代表推選為第一任總統（任期1789 年至 1797 年）。

　　華盛頓總統任期屆滿時，民意希望他連任，但他謙辭，表示和平轉移政權才是民主制度最重要的一環。於是經過大選，約翰・亞當斯（John Adams）當選為第二任總統。

　　三年後，亞當斯任期屆滿（1797 年至 1801 年），希望連任，但與湯瑪斯・傑弗遜（Thomas Jefferson）競選

失敗。亞當斯認輸，將總統職位和平轉移給傑弗遜，後者自1801年起就任第三任總統。

這段歷史形成了美國憲法下，和平轉移政權的傳統和先例。

同一時期，最高法院首席大法官約翰・馬歇爾（John Marshall），在重要案例中宣布：解釋法律是本法院的領域（It is the province of this Court to say what law it is）。該案中，時任國務卿的詹姆斯・麥迪遜（James Madison）因拒絕執行亞當斯政府任命的職務文書而遭到起訴，最高法院藉此確立「司法審查」的原則。

美國的民主和法治是兩相平行運作的制度。

當時總統移交是唯一的歷史現象，240年後的今天，環顧世界，偶然有國家有民主而沒有法治，更多的國家有法治而沒有民主，19世紀法國大革命後的亂局，便是有民主而無法治的例證。有法治沒有民主的國家更多：納粹德國、共產蘇聯和現在的匈牙利及巴西。

本書專注於美國的法治制度，2024年大選，唐納川普當選總統，是民主制度的表達，川普過去和未來的行為，不至於影響美國的法治，不論誰就任總統，聯邦和50州各級法院仍然循例照常執行法律。

美國的法治制度，依然存在和運行。

無論白宮的政策如何擺動，總統的行為多麼異常，政壇如何分歧，每一天每一小時各級法院依循法律檢驗證據和尊重司法前例，照常處理他們的案件，陪審團聽

證後投票決定被告的命運。人民依然遵循法規謀生，政府有權力（Power）執行法律，人民有權利（Right）依法抗爭政府的執行，法院是政府與人民之間的終極判斷者。

　　民主與法治是雙軌的制度，240年美國的法治是本書的專注。

陶龍生口述

何麗慧撰寫　於華府

第 1 輯　歷史記載

第一章　兩千年以前

The Trial of Jesus

A. 案例[1]

　　在耶路撒冷，一群老百姓拘捕了耶穌，送他到當地猶太人的法庭（Sanhedrin），指控耶穌許多罪名，包括不尊敬猶太教義和自稱是猶太人的救主等。在猶太法庭中，主審的教士問耶穌：「你是猶太人的救主嗎？」耶穌回答：「那些是你們的話。（Those are your words.）」

　　教士和猶太群眾粗魯地將耶穌押到羅馬帝國的總督面前，指控他自稱為「猶太人的君主」。在羅馬法律之下，構成叛國罪。

　　羅馬總督名叫龐狄亞士・派拉斯（Pontius Pilates），他開庭審問站在面前的耶穌：

問：「何謂真理？（Quid est veritas）（What is truth？）」[2]

---

1 Matthew 26:57–67; John 18:13–28.
2 一千八百年後，哈佛大學選擇「真理」（Veritas）一個字為校訓。

答：「我是真理的證人。」
問：「你聽到他們指控你的罪名嗎？」
答：「……」（沉默）

總督對群眾說：「我覺得他沒有觸犯那些罪名。」群眾大聲喧鬧，堅持耶穌有罪。

群眾中有聲音說：「此人帶我們入邪途，勸我們不要繳稅，並自稱是猶太人的君王。」又有人叫：「他到處遊走，自命為救主。」

聽到這些聲音，總督說：「哦，那麼他應該由蓋利連（Galilean）（另一區的羅馬官員）來管轄。」又說：「我不認為他有罪。」

於是群眾將耶穌押到另一區的官署，由蓋利連審問。蓋利連問耶穌：「你自稱是猶太人的救世主嗎？」

耶穌不回答。

蓋利連問群眾：「他帶領你們暴動（riot）嗎？」

沒有得到回答，蓋利連說：「我不認為此人應受死刑。」

於是教士們和眾人又把耶穌帶回龐狄亞士總督面前，要求處罰被告。總督再開庭審問站在面前的耶穌：

問：「你自認是他們（手指群眾）的救主嗎？」
答：「那是他們說的。（Those have said so.）」
問：「你呢？」

答：「……」（沉默）

　　總督對教士們說：「我認為此人未犯處死刑的錯。（I find nothing wrong with this man that calls for the death penalty.）又說：「你們鞭打他，然後放他走。」
　　群眾不服，大聲喧鬧：「處死他（Crucify him）、處死他！」
　　龐狄亞士沉默許久，決定判耶穌死刑。權力重於真理。
　　群眾推湧著被告前往刑場。
　　被釘上十字架後，耶穌說：「天父，原諒他們；他們不知道自己所作何事。」

B. 分析

　　沒有證據，沒有證人，教士指控，群眾喧鬧，統治者（總督）便定罪。
　　羅馬帝國的法律，是帝王統治國家、征服者控制草民的利器。羅馬帝國當然沒有民主，只有嚴刑峻法。二十世紀的史達林──蘇聯，便是有法治而沒有民主的歷史範例。法律是威嚇和鎮壓人民，而不是保護老百姓的工具。

第二章　英國傳統（一）

The Case of Sir Thomas More (1533)

A. 案例[3]

　　湯瑪斯·摩爾曾是英王亨利八世（Henly Ⅷ）的重臣。國王器重他的思想和文才。那是十六世紀的英國。當時的英國，在信仰上服從歐洲羅馬的教皇。亨利八世十八歲時娶凱薩琳為妻，就任英王後，凱薩琳就封皇后。國王和她成婚時受到教皇的批准和祝福。

　　十多年之後，國王亨利看中了一位年輕女子安妮，決定休妻。但得不到羅馬教皇的首肯。篤信天主教的摩爾，便竭力反對國王的意圖。亨利堅持要撤銷與凱薩琳皇后的婚姻，對摩爾的不接受，非常不滿。

　　摩爾有位門徒，名叫克倫威爾，向國王獻計，製造罪名，指摩爾受賄。公元 1533 年，皇宮拘捕他，監禁在倫敦塔（Tower of London）。亨利八世意圖脫離羅馬教皇，便要大臣們宣誓效忠國王，不必服從羅馬教皇。已

---

[3] Douglas Linder, The Trial of Sir Thomas More (2001).

拘禁在監獄中的摩爾仍不肯接受。克倫威爾便叫人指控他陰謀叛國。

公元 1534 年 7 月 4 日，宮庭組織的法庭審判摩爾，由十二名陪審員聽證，宮庭的檢察官起訴被告叛國。法官是國王的親信。他叫人告訴陪審員，好好地評判，注意自己的前途，甚至生命。

開庭時檢察官指控摩爾，並宣讀一份「證人」提出的供詞文件。被告一再要求與指控他的「證人」對質，法官不准。

摩爾陳述他的辯白後，法判他有罪。

1535 年 7 月 6 日，摩爾被處死。

亨利八世休掉凱薩琳，另娶安妮為新皇后。

英國脫離羅馬教皇的管轄；國王成為英國國教的兼任教主。

B. 分析

早期英國的審判，已有陪審制度，但陪審員們不中立，受皇宮控制。容許檢察官提證據，甚至庭外「證人」的指控，但被告無法面對指控他的證人，無法對質。法官並不在乎證據是否充分和可靠。尤其特別的是「溯及」使用法律處罰被告，因為摩爾在被控訴和拘捕之後很久，面臨審判時，宮庭才頒布新的法律，法官援用後來出現的法律處罰被告。

第三章　英國傳統（二）

The Case of Sir Walter Raleigh (1603)

A. 案例 [4]

華特‧饒里是英國女皇伊利莎白一世時的公爵。他曾是著名的詩人、探險家和政客。饒里提倡菸草，喜歡抽雪茄。美國至今有「饒里」品牌的雪茄菸。

饒里本來是女皇的寵臣。女皇去世後，宮庭內產生派別，支持不同的皇家子弟接任空出的王位，後來由詹姆士一世繼任。過程中饒里曾反對詹姆士接位，得罪了新國王。

1603 年 7 月 19 日，宮庭指控饒里叛國，拘捕了他，並關在倫敦塔中。11 月 7 日，法庭審判他。

檢察官的主要證據，是一位「共謀者」的自白口供。這人名叫苛布函（Cobham），他承認曾圖謀反對新國王，並指饒里曾參加他的陰謀。

---

[4] The Trial of Sir Walter Raleigh, 2 How. St. Trials 13; Jardine, Criminal Trials 435 (1832).

在法庭中,被告饒里要求法官傳喚那位證人,希望與他在法庭中面對面對質。「我相信他會翻供,因為那自白的內容不真實。」然而法官不接受被告的要求。

饒里對法官說:「連一個偷雞的小罪,被告都有機會與指控他的人在法庭中對質。今天我的生命在受審,卻沒有證明無罪的機會。」

法庭中,十二位陪審員無動於衷,判饒里死刑。事後有人偷偷地說:「實在冤枉。」

B. 分析

饒里的審判,有陪審團卻沒有傳喚關鍵證人來到法庭,接受被告的詰問和對質。

後來,美洲殖民地的人民,雖然承襲了英國的法律（Common Law）和基本的審判流程,卻排斥這種不讓刑事被告在法庭中詰問證人的英國傳統。

三百多年後,美國最高法院以饒里案為殷鑑。

第四章　殖民地時期

Rex v. Preston, et al (1770)

A. 案例[5]

　　1769 年，駐紮於波士頓的英國軍隊，與當地居民，時有磨擦。那是美國獨立的前幾年。1770 年 3 月，一位軍士與地方的商店，發生爭執，老百姓圍觀，情緒逐漸激動。英軍出動維持秩序，隊長名叫普萊斯頓。

　　幾百位群眾在街頭與英國士兵對峙。英國士兵在長槍上刺刀，嚴陣以等。

　　群眾的情緒激昂，高喊「龍蝦」、「懦夫」、「混蛋」和「狗娘養的」。有人開始向士兵投擲雪球、冰塊和石子，也有人揮舞棍棒。英軍的隊長名叫普萊斯頓（Captain Preston），站在一排士兵的後面，內心焦急。

　　其後發生的事成為爭辯的焦點──混亂中忽然有人大叫「開火」，士兵們對群眾開槍。一陣槍響之後，五人中彈倒地，身受重傷甚至死亡，另有六至八人受傷。

---

5 Rex v. Preston, et al (1770).

這便是歷史上有名的「波士頓屠殺」。

一星期後，總督指示檢察長，起訴普萊斯頓隊長和他指揮的六至八名士兵，起訴的罪名是謀殺老百姓。

不受歡迎的占領軍，找不到著名的律師協助，託人請到一位初出道的年輕律師，名叫約翰・亞當斯（John Adams）。

亞當斯也知道替英軍辯護，可能會吃力不討好，但經過考慮，他仗義出手。

準備開庭時，亞當斯發現隊長和士兵之間有矛盾。士兵們認為，隊長命令他們開槍，是服從長官的命令，應該無罪；但隊長堅持，當時他並沒有下令開槍。既然沒有下令，便不必對後果負責。

亞當斯請求法官將隊長和士兵分開審判。他又請求法院安排兩批不同的陪審團，希望陪審員們都不是波士頓城內的居民。此外，因為街市間群情激昂，亞當斯說服法官，將陪審員們「隔離」和「禁閉」在旅社中，不得與外界接觸。

「隔離」陪審員們，不准與外界接觸，構成日後的前例。選擇不知情的局外人來擔任陪審員，也是歷史先例。

原本殖民地承襲英國老傳統，陪審員必須是知道事件過程的人，法院請他們來參加評斷事理。此案之後，陪審員必須是不知情的局外人，由他們在法庭中緘默地聆聽證詞、觀察證人，再客觀地達成共識，決定被告是否有罪。

幾星期以後，法院開庭先審判八位士兵。

當時的審判程序和法庭內的安排，比較簡陋。證人們一起站在法庭側面，以欄杆與律師隔開。陪審團坐在法庭另一邊，和他們相對。檢察官傳喚的證人再與辯護律師請來的證人分成兩群。

多年以後，法院將證人分開，並且單獨上庭作證。在作證之前，證人不得進入法庭，以免受到影響。1770年還沒有這種安排。證人們站在一群，兩方律師可以挑選其中一個人詰問，他可以回答，別人也可以主動發言。

開庭審判八位士兵時，亞當斯請求主審法官指示證人們：「只准講事實，不准表達你們的意見、想像、判斷或感歎。」

檢察官問一位證人槍擊發生時的情形：

證人說：「我們只對士兵喊叫，丟一些雪球而已。」
亞當斯追問：「只有雪球？有人丟石頭和冰塊嗎？」
證人答：「有，但我沒有。」
辯護律師問：「你認識一位叫卡爾的嗎？」
證人答：「是我的朋友。」
辯護律師問：「卡爾對你說過什麼話？」
證人答：「可是卡爾已經死了。」
律師問：「他死前曾與你講話？」

檢察官立刻反對，並向主審法官解釋，那是重覆第

法治的故事 23

三者在法庭之外的言語，典型的「傳聞證據」（Hearsay Evidence）。

　　亞當斯回答：「一個人臨死時的話，應該是良心話，法官應該破例，接受為證詞，讓陪審團聽取。」

　　法官裁示，死者臨終的遺言，雖然是「傳聞證據」，仍然應該讓陪審團考慮。

　　於是亞當斯請證人複述死者卡爾的話。

　　「……大約下午四時，在當晚他死去之前，他特別說，他原諒那位射傷他的人，雖不認識那個人，但他知道這個人內心沒有惡意，開槍只是出於自衛。」

　　證詞結束，檢察官和辯護律師分別對陪審團作出結論。檢察官要求處罰這些英國士兵，因為他們「沒有總督的命令，肆意射殺無辜百姓。」

　　辯護律師對陪審團逐件分析各方證詞，認為士兵們受到群眾攻擊，棍棒齊下，甚至還有一位持槍的士兵被當場打倒，他們心生恐懼，不得已才開槍自衛。「士兵也是人，軍人制服底下也是血肉之軀，在群眾威脅之下，他們也有權自衛。」

　　當天下午，陪審團達成共識，宣判八位士兵中六位無罪，其中兩位開槍的士兵，則判誤殺（過失殺人），建議法官給他們從輕發落。主審法官判他們兩人各在大姆指上刺青，放他們自由。

　　六個月後（10月24日），法院開庭審判普萊斯頓隊長，這時波士頓人民的情緒已經平息，審判過程也較安靜。

審判的關鍵在於，究竟隊長有無命令士兵「開火」？被告矢口否認，而檢察官和他的證人則堅持他下令開火。

開庭過程中有這一段對答。政府的證人描述開槍之前一瞬間的過程。

辯護律師這樣詰問證人：

問：「三百多名群眾拿著木棍等武器，對士兵們叫囂？」
答：「是的。」
問：「群眾對士兵們喊：『你們是懦夫』、『敢開槍嗎？』、『開火、開火』嗎？」
答：「是的。」
問：「有一位士兵被木棍打倒在地？」
答：「好像有，但不在我面前。」
問：「有人大喊『開火』，他便開槍射擊？」
答：「當時很混亂。」
問：「是你們在叫『開火』，不是普萊斯頓隊長下令？」
答：「我不知道。」

審判結束，兩方下結論時，辯護律師亞當斯對陪審團說：「政府會演變，激情會起伏，熱情會消長，但法律保持一條穩定不移的路線；人們有不確切的期望及想像，和他們任性的怒氣，但法律不會屈服於他們，不會向他們低頭。」

普萊斯頓隊長被判無罪。

B. 分析

　　1776年，殖民地的人民發動革命。革命成功，新建立的「美利堅合眾國」，制定了世界上第一部成文憲法，沿襲英國和殖民時期的法律規範，稱為「普通法」（Common Law），繼續遵守法院判例的文化。

　　二十六年後，亞當斯當選美國第二任總統。

　　本案是美國法律的重要先例。法官把軍官和士兵分開兩次審判；隔離陪審員們和群眾；傳喚目擊證人全部出庭作證；容許律師自由反詰問證人。

　　從本案開始，陪審員必須是不知情的人，以保持公正。證人只准說看到的事實，不准發表意見。

　　不過證人彼此間未被隔離，而開庭時大家站在法庭前方。

　　兩方當庭曾爭辯「傳聞證詞」是否可接受，同意死者在臨終的話，可以接受，這也是至今有效的前例。

　　亞當斯的詰問證人，很有功效。

　　八十年後，林肯談到這宗案例，曾說：「當政府追訴你，眾人唾棄你的時候，你唯一的朋友，是你的辯護律師。」

　　亞當斯佩服羅馬帝國時期的哲學家西賽洛；西賽洛主張政府應該三權分立，並且尊敬法律。

第 2 輯　美國獨立之後

引言　建國先賢的期望

"What is the sacred duty and the greatest source of security for the Republic? It would be: an inviolable respect for the Constitution and Law, the first grown out to the last."

——Alexander Hamilton

「何為對共和國體最珍貴的責任和其安全最大的動源？應該是：對憲法和法律永恆不變的尊敬，而前者衍生後者。」

—— 亞歷山大・漢彌爾頓

"We have built a Republic, the next task is to build justice."

——John Adams

「我們已建立共和，下件任務將是建立公正。」

—— 約翰・亞當斯

第一章　憲法

美國憲法本文共七條，由四千五百四十三個詞撰成，原文不包括「權利法案」（Bill of Rights）。制憲大會於 1787 年 2 月 21 日經參加大會的代表公開投票通過憲法草案，經過十三州人民熱烈討論，於 1788 年 6 月 21 日全國同意，批准為正式憲法。憲法本文規定聯邦政府的結構和權力分配，四年之後（1792）各州再通過用修正案的方式，列入權利法案，列舉政府的限制和保護人民的權利（第十四修正案到南北戰爭結束才通過）。

憲法第六條修正案，規範刑事程序的基本要件。原文是這樣的：

「在所有的刑事起訴，被告應享有在公平的陪審團前快速和公平的審判，……並且獲知控訴他的性質和原因，與指控他的證人對質，有權使用強制程序取得對他有利的證人，並獲得律師協助他的防禦。」

Amendment VI:

"In all criminal prosecutions, the accused shall enjoy the right to a speedy and public trial by an impartial jury...and to be informed of the nature and cause of the accusation, to be confronted with the witnesses against him, to have compulsory process for obtaining witnesses in his favor and to have the assistance of counsel for his defense. "

從此以後，刑事被告在法庭中，有權要求法官傳喚對他有利和相關的證人，而不再遭受當年在英國法庭中那種無助的命運。

憲政體制，設聯邦政府和各州及地方政府。聯邦政府為三權分立（行政、立法與司法），各州也是相似的結構。聯邦與地方，則分權而治。聯邦的權力，來自憲法而侷限於憲法所列舉的項目，如州際商務、徵收稅金、外交和國防，以及執行這些條文必要權力。各州則維持其主權，尤其警察（Police Power）、公共衛生和教育。

早期的構想，各州有自己的法律，由州級法院遵守執行，卻須尊重「國土最高法律」（Supreme law of the land），避免衝撞聯邦法律。尤其不可違反聯邦憲法，不可侵犯憲法列舉保障的民權（即 Bill of Rights）。倘若人民受到侵害，可向聯邦法院申訴。兩百年下來，聯邦各級法院通過 Bill of Rights，尤其第十四條修正案的明文「Due Process」和「Equal Protection」，逐步將州級法院的規程，全國統一。

下列各章的實例顯現此歷程。

「憲法」的原字是「結構」、「建造」（constitute）；

例如：Good ideas constitute a poem.（好念頭造就一首詩。〔莎士比亞〕）憲法指建造政府的大法，或國家結構的基本法。

憲法的基本觀念：是造就國家、組織政府的先驅眾人，集思廣益，共同起草撰寫、而經過人民批准的基本條文。它是建立國家的創始人與老百姓之間的約定，而拘束大家（政府與百姓）行為的基本規範。

如漢彌頓所言：「憲法衍生法律。」它是一切法律和政府權力的根源。

經過歷世的努力，美國的法院，尤其最高法院，它們的主要任務，便是解釋憲法、和保護憲法體制。

「法律應該是恆久不變的（亞當斯）」，既是基本大法，憲法不容許輕易改變。修正美國憲法，需國會參眾兩院各三分之二的多數議員同意，再發交全國各州，經三分之二的多數州批准，才成為正式修正案。例如第十九修正案，保障婦女的投票權，女權運動奮鬥了七十年，才在 1919 年正式通過生效。

許多國家也有憲法和民權的條文，卻是沒有被執行的一張白紙。

美國「法治」的根源就是它的憲法。[6]

---

6 The Rule of Law 的文字「Rule」有幾種涵義：（a）法律條文（如第四條，Rule 4）；（b）法則（如證據法則，a rule of evidence）；（c）統治（如國王統治（動詞），The king rules）；（d）尺度（尺〔a ruler〕）；（e）治理。「The Rule of Law」即「法律治理」或「依法治理」之意。

法治的故事

第二章　法院審案的規程

「兩百年前，美洲殖民承襲英國的對造審判制度。英國普通法老早就和歐洲大陸的法系不同。英美法院要求證人在法庭中當場作證，他們的證言讓對造在陪審團面前質問和考驗；而大陸法系依賴審判官選擇發問，對事理私下考慮和評斷。」

「被告面對指控他的證人，有權利質問他們，是美國法律的基石。」

——史卡利亞（最高法院大法官）

"Two hundred years ago, American colony inherited English trial practices. English common law has long differed from Continental civil law in regard to the manner in which witnesses give testimony in criminal trials. The common-law tradition is one of live testimony in court subject to adversarial testing, while the civil law condones examination in private by judicial officers."

"The right of the accused to confront witnesses against

him is the bedrock of American law."

——Justice Scalia in Crawford v. Washington, 541 U.S. 36 (2004)

「我們的證據法則嚴格要求最可靠的資訊來源……在法庭中證人必須對於他有機會並且真正看到或感官到的事實，才可作證。」

——惠格摩《證據》

"Our rules of evidence are exacting in insistence upon the most reliable source of information…A witness who testifies in court to a fact which can be perceived by the senses must have had an opportunity to observe, and must have actually observed the fact."

——Wigmore, Evidence II, 850, McCormick, The Law of Evidence, P.20

「我們的對造制的本質，由律師、而不是法官。選擇如何展示證據。法庭中應該使用的技巧和策略，是律師的責任。律師協助提供證人的證詞，由法官根據證據法則決定是否容許其證據。」

——聯邦高等法院判詞

"It is the essence of our adversary system that counsel,

not the court, chooses how evidence is to be presented. Trial tactics and strategy are the responsibility of counsel. Counsel offers the testimony, the court determines its admissibility based on the rules of evidence."

——Ebens v. United States, 800 F.2d 1422 (1986)

第三章　詰問證人

Pennzoil v. Texaco, Inc. (1987)

A. 案例 [7]

1985 年，賓茲石油公司（Pennzoil）控告德士古石油公司（Texaco），非法干擾賓茲公司和另一家石油公司蓋提石油公司（Getty）已經談妥簽訂的合併契約。德士古公司以「程咬金」的姿態，爭奪對蓋提公司的所有權。賓茲石油公司主張，因為德士古的干擾，破壞了已經完成的合併契約，而使賓茲石油公司蒙受了十四億美金的損失。

德士古公司否認干擾了賓茲和蓋提兩家公司之間的契約關係。美國法律尊重合法契約，第三者干擾契約關係，倘若造成傷害，需負賠償之責。

在這宗複雜的審判中，一項關鍵問題，就是究竟德士古有沒有「橫刀奪愛」，祕密地和蓋提公司另外成交，

---

7 Texaco v. Pennzoil, 129 S. W.2d 783 (1987)。Pennzoil v. Texaco, Inc. (1987) 原審判紀錄。

干擾了賓茲和蓋提之間已談好的約定。並且促使蓋提對賓茲虛偽敷衍，使賓茲公司在市場上遭到損失。

在法庭裡，陪審團面前，兩方都提出了萬頁的文件，相互攻防。

審訊中德士古公司的律師，傳一位蓋提公司的董事上台作證，堅持否認蓋提公司和德士古公司有私下交易。這位證人叫勞倫斯·帝許。帝許很有地位，當時也是哥倫比亞廣播公司的總經理，是位百萬富翁，為人能幹而驕傲。

在美國商界，公司購併，通常委託投資銀行從中辦理，譬如協助兩方談條件、稽核賣方的資產、評估市價等。成交時投資銀行從買價中抽頭，有時報酬很是驚人的。

原告賓茲公司的律師，在萬頁文件中，發現了一張文件。只有一頁。他放在上衣口袋中。在法庭的證人台上，帝許先生堅決否認德士古和蓋提兩方面祕密成交。作證完畢後，由原告賓茲公司的律師反詰問。他這樣反詰問證人：

問：「帝許先生。剛才你告訴陪審團你很成功，很有錢。對嗎？」
答：「當然。都是我賺來的。」
問：「你大概對投資銀行的作業方式，比世界上任何其他人都要了解？」

答:「不錯。我對投資銀行的作業,比你要懂。」

問:「當然的。先生,你曾委託過投資銀行替你辦事嗎?」

答:「許多次。」

問:「和他們合作進行併購的交易嗎?」

答:「許多次。我剛才已說過了。」

問:「那麼,我很好奇。投資銀行怎樣獲得報酬?」

答:「和你一樣,事成之後分成份。不過沒有你那麼貪心。」

問:「好,好。但你並不知道我會拿多少律師費,對吧?」

答:「我是不知,不過……」

問:「你剛才說,成交之後分成份。那是什麼意思呢?」

答:「如果投資銀行促成一宗交易,成交之後,他們的酬金,依照成交數的百分比來計算。有時是百分之三,有時是百分之五。」

問:「他們什麼時候獲得酬金?」

答:「成交之後。」

問:「可是,你可能弄錯了吧?」

答:「我不會把事情弄錯的。」

問:「你是說,唯有合併案件完成,兩方成交了,投資銀行才會獲得酬金,對嗎?」

答:「對的。」

問:「投資銀行什麼時候送帳單給當事人客戶去要錢?在談判之前嗎?」

答:「這問題真笨。當然不是。誰會讓他們在事前先要

錢？他們必須等到成交之後，才計算成份，再送出帳單。」

問：「那麼，請看我手上這一份文件。這是什麼？」

帝許先生低頭看那份文件。

問：「你說這份文件是什麼？這不是投資銀行送給德士古公司關於和蓋茲公司併購成交之後的帳單嗎？」

答：「是的。」

問：「謝謝你今天前來作證，帝許先生。」

B. 分析

　　後來原告賓茲石油公司贏了這場官司。法院判德士古賠款十億美元。

　　這一段詰問，有幾項特點。第一，它的觀念簡單。在法庭裡法律文件一大堆，有的證明德士古和蓋提還沒有祕密成交，有的還等待簽字。但一頁帳單，便證明兩方事實上已經成交。陪審團容易了解其中的奧祕。

　　第二項特點，是利用對方證人的口，讓他作出對自己不利的證詞。對方證人作出對自己不利的證詞，最為可信。

　　第三項特點，是把證人「套牢」。也就是說，先用問題，把他導引到一條道路，使他不能回頭。然後再一下把他攻破。

　　假設一位不擅反詰問的律師，一上去就拿出這份帳

單給證人看,帝許先生是何等聰明的人,大概會找出一些藉口,解釋說「不是所有的帳單都必然在成交之後才發出」,「有時事先也會發帳單」等等。但是這位證人先已經被「套牢」,以致啞口無言。

「套牢」的過程,是證人不知你的詰問的目標何在。所以他不得不老實回答你的問題。一旦「套牢」之後,證人反悔已經太遲。

證人在法庭中被詰問,可以追尋真相。

第四章　預審中的證詞

Pointer v. Texas (1965)

A. 案例[8]

　　被告勃因特（Pointer）到酒吧喝酒，掏出手槍威脅另一位客人，搶了這位顧客三百七十五元。他們都在德州。事後警察追捕到勃因特（被告）。德州的檢察官將他起訴，罪名是搶劫和持武器威脅他人。德州的法律規定刑事起訴的第一步，是把案件提交法院，由法官主持「預審」。這程序是在讓法官第一次看到檢方的證據，以決定值不值得進一步召集陪審團，前來正式開庭審判全案。
　　在預審的過程中，檢察官傳喚到被搶的顧客，出庭作證，敘述他被搶的經過。被告當時沒有請律師代理，但他在預審法官前，要求面對證人，問他問題，與他對質。法官不讓他提問，然後裁定檢方的證據，足以開庭正式審判被告。

---

[8] Pointer v. Texas, 380 U.S. 400 (1965).

幾星期後，法院正式開庭，組織陪審團，審判被告。然而這時那位被搶的顧客，已遠走到加州，不克出庭作證。於是檢察官提出在預審中被害人的證詞。這時被告所聘的律師，起立反對，向法官表示：「庭上，被告有權質問被害人，這是憲法規定的權利。」法官裁示：「在預審中被告已經有足夠的機會反詰問證人，所以他的權利未被侵犯。」

被告的律師再表示異議，沒有效果。

審判結果，陪審團判勃因特有罪，法官判他十年至三十年徒刑。

被告不服，一路上訴到聯邦最高法院，主張當時主審法官違反了他的憲法所規定的對質權。

1965年，最高法院宣判，推翻德州法院的原判。最高法院決定，刑事被告有權利在審判中詰問證人，尤其有權質問對他不利的證人。判詞有這樣一段：「⋯⋯應該是毫無疑問的，在刑事審判中，反詰問可以揭發虛假，尋求真情⋯⋯所有各州都有義務遵守憲法的規定。」

（It cannot be seriously doubted about the value of cross-examination to expose falsehood and bring out the truth in the trial of a criminal case...It obligatory on all States to respect this Constitutional right.）

B. 分析

　　刑事被告在法庭審判過程中，有權利質問證人，法官必須讓他反詰問對他不利的證人，從此全國各級法院都須遵行這項判例。

　　審判之前任何階段採集的證詞和證物，都需在法院中讓被告質問和檢查，以求真實。

第五章　法庭外的供詞

Crawford v. Washington (2004)

A. 案例 [9]

1999 年 8 月 3 日，在美國西北部華盛頓州的西雅圖市，一位居民肯尼・李在他的公寓中被人刺傷。案發後警察拘捕邁可・克勞福，指控他是兇徒。在警局中偵訊時，偵探先唸給他麥蘭達（Miranda）警語後（被告可要求律師協助或保持緘默），再依合法程序問他問題。被告克勞福表示，肯尼・李曾經企圖強姦克勞福的太太，所以他帶著太太前往肯尼的公寓去質問。爭吵過程中，肯尼伸手到口袋中掏武器，所以克勞福便搶先動手用尖刀刺傷肯尼・李。被告克勞福說當時他太太茜維亞・克勞福在場目睹。因此克勞福主張，攻擊肯尼是為了「自衛」而被迫的合法行為。

警探將克勞福太太茜維亞分開訊問。我們稱她是「證人」。下面是詢問的筆錄（書面和錄音紀錄）：

---

[9] Crawford v. Washington, 541 U.S. 36 (2004).

警察問：「肯尼・李有沒有攻擊你先生？」

證人答：「（猶疑一刻）我知道他當時伸手入口袋……去拿東西，但我不知何物。」

警察問：「在他被刺之後嗎？」

證人答：「他看到邁可走向他，他抬手，他曝露胸膛，他可能企圖伸手攻擊……或者（語音不清）。」

警察問：「好，請妳大聲點。」

證人答：「好，他舉手過頭，也許想打邁可，或攔阻邁可的手，然後他放下手來，伸入口袋，……又退後一步……邁可用刀刺他，他的兩手像是……我怎樣解釋呢……打開兩手……手掌打開，他向後跌倒，然後我們便逃跑（用手勢比劃被害人面向被告，兩手前伸）。」

警察問：「好，他站在哪兒，伸出兩手，妳在描寫肯尼・李，是吧？」

證人答：「是，在事發之後，是的……」

警察問：「妳看到他手中持有何物？」

證人答：「（猶疑），哦，哦，沒有。」

　　克勞福太太的這一段在警局的錄音談話，顯然對她丈夫不利。華盛頓州的法典中有一條，保護夫妻關係，禁止政府或法院強迫夫妻之間在法庭中彼此作證傷害對方，也就是，保護夫妻之間的私人溝通，政府不准強制他們對彼此作證。這叫做「夫妻隱密權」（spousal

44

privilege）。除非夫妻兩人同意，法院不能強迫太太出庭作對先生不利的證詞，或強迫丈夫對妻子作不利的證詞。

克勞福太太在警局的證詞，既然對她丈夫不利，於是在開庭審判時，茜維亞・克勞福便拒絕出庭作證。另一方面，檢察官既然有責任在法庭中證明犯罪的全部構成要件，特別要反駁被告克勞福自稱在行凶時是「自衛」，便著急地須向陪審團提供這一段茜維亞的筆錄。因為它是關鍵證據，反駁被告「自衛」的主張。

然而，在法律保護之下，被告的太太有權拒絕出庭作證。

不得已，檢察官便在法庭中提供克勞福太太的筆錄，並且播放偵訊的錄音給陪審團聆聽。

被告的辯護律師連忙起立，向法官表示反對。他申辯：「這段錄音是傳聞證據，法官應該將它排斥。因為證人沒有出庭作證，被告沒有機會在法庭中反詰問她。庭外第三者所作的證詞，是典型的傳聞證詞。我們沒有機會盤問證人，追尋真相。法官如不排斥這段錄音，便違反了美國憲法第六修正案，它保障刑事被告有權在法庭中與證人『對質』（confrontation）。」

檢察官立刻起立反駁，主張錄音紀錄應可在法庭中播放：「克勞福太太在警局的證詞，是可靠的合法證據。雖然法律上『夫妻隱密權』保護她，可以拒絕出庭作證，然而為了追尋真相，檢方有權提供她證詞的錄音，讓陪審團知悉真正的犯罪過程。」

法治的故事　45

考慮之後,主審法官裁示,准許政府在法庭中播放這一段對被告不利的錄音。審判結束時,陪審團判克勞福殺人未遂和重傷害罪,並且不接受他「自衛」的防禦主張。

克勞福被判罪後,他的律師替他上訴,主張初審法院剝奪他在法庭中的防禦權,容忍庭外第三者所作的傳聞證詞,違反美國憲法第六修正案保障的「對質權」。

2004年3月8日,聯邦最高法院宣布判決。

克勞福遭判罪後,一路上訴到聯邦最高法院。法院面對下列疑問:

證人沒有在審判時出庭作證,但他曾經事前提供口供。口供經證實為可靠,檢察官在法庭中,能不能提呈證人的口供,讓陪審團知曉?

更進一步,「對質」究竟是何涵義?

開庭聽證後,最高法院宣布,如果證人缺席,政府不得在法庭審理中使用他在庭外所作的供詞,因為憲法第六條修正案,明文規定,刑事被告有權「質問」對他不利的證人。最高法院解釋,「對質」指刑事被告在法庭中對出庭作證的證人,當場詰問他們的機會。法院的判詞指出:「兩造制(adversary system)是美國法制的傳統。兩造制便是允許刑事被告有機會反駁證人,為自己辯駁。而辯駁的主要方式,是在法庭中詰問和反詰問證人們,在陪審團面前考驗他們證詞的正確和真誠。剝奪被告這種機會,非常不公平而且會損害法庭程序的公

正和尊嚴。」華盛頓州的法院容許檢察官在庭審中播放克勞福太太的供詞，卻不給被告機會當庭與證人「對質」，違反了美國憲法所保障的「對質權」。因此，最高法院判決推翻原判，發回原來的地方法院去更審。

邁可・克勞福贏了上訴，案件被發回更審。在華盛頓州的地方法院重審時，檢察官不再依賴他太太的供詞，而運用客觀的證據，並傳喚被害人肯尼・李前來作證。陪審團還是判決克勞福犯傷害罪和殺人未遂罪。克勞福服刑五年之後，已獲釋回家。但他太太茜維亞已與他離婚，不知所蹤。

然而最高法院的判決，成為重要判例。

B. 分析

美國憲法第六條修正案，保障刑事被告「質問」證人的權利。「質問」便是被告在法庭中反詰問政府所傳喚的證人。

「傳聞證據」（hearsay evidence）是一位證人在開庭中重新敘述他庭外聽到的另一個人的說詞。說詞的來源是另外一個人（第三者），而那人又不在法庭中，所以被告（也是兩方）的律師沒有機會去質問那位第三者，無法反詰問他。

本案中的檢察官運用「證人因合法理由不克出庭」的例外，向法院提呈克勞福太太在警局的供詞，而主審

法官裁定准許他播放錄音給陪審團聆聽。法庭中也就無法證實或置疑那個第三者的說詞。「傳聞證據」不是可靠的證據，所以向來法院排斥這種無法求證的「證據」。

　　最高法院將刑事被告在法庭「對質」證人，提升為全國各級法院必須遵守的審判規程。判詞追溯英國傳統，解釋「華特・饒里」案中不讓被告質問證人的不公平，引為歷史的借鏡和殷鑑。

第六章　俘虜的招供

United States v. Ghailani (2013)

A. 案例 [10]

1998 年 8 月 7 日，非洲國家坦尚尼亞（Tanzania）首都發生爆炸，美國大使館遭自殺恐怖分子撞入引爆。接連兩天，美國在肯亞（Kenya）和塞蘭（Salaam）的大使館也被攻擊，這些連環爆炸造成兩百二十四人死亡，包括十二名美國人。

1998 年的爆炸，是 2001 年 9 月 11 日，紐約世貿大樓遭飛機撞毀的前奏。

2001 年美國進軍阿富汗，摧毀恐怖分子的基地，並逮捕許多恐怖分子。中央情報局在海外友邦設立祕密監獄，以迴避美國法律，囚禁和拷問被俘的阿拉伯人，訊問犯人的手段相當嚴苛，包括使用體罰和水刑（Water Boarding）。

在海外設立祕密監獄，以迴避美國法律。

---

10 United States v. Ghailani, 751 F. Supp. 2d 515 (2013).

美國政府在古巴的美軍基地「關塔納摩灣」設立拘留中心（Guantanamo Bay Detention Center），將這些俘虜從海外監獄運過來，禁閉在拘留中心。

2008年，受到壓力，聯邦司法部決定選擇一些囚犯，當他們是老百姓，依美國法律將他們起訴，並且在紐約的聯邦法院，公開審判他們，以昭公信。

政府以為推出受審的事件，應該很容易將他們判刑。

聯邦檢察官指控一名葉門人阿米·蓋納尼（Ahmed Ghailani）參與非洲的爆炸案，起訴書指被告在非洲替恐怖組織購買卡車和採購製造炸彈的零件，協助他們爆破美國大使館。罪名多達兩百六十項——包括陰謀、協助和參與破壞美國政府財產和謀殺（每一被炸死者算一宗謀殺罪）。

被告蓋納尼已被軍方囚禁十年，當然沒有錢聘請律師替他辯護，主審法官指定兩位律師擔任被告的代理人，由法院負擔費用。

辯護律師認為他是個糊塗蛋，僅是恐怖組織的外圍邊緣分子，被真正的頭目差遣和利用。

檢察官負舉證責任，必須提供可信的證據，把被告和爆炸事件銜接起來。

檢察官的主要證人，是另一位被拘捕和囚禁的阿拉伯人，以及被告蘭納尼在監獄所作的自白書。

辯護律師主張，法院不應該接受那個被拘禁的阿拉伯證人的口供，因為那是犯人被凌虐屈打成招的供詞。

至於被告的自白書，也是極刑拷打的結果，不能被法庭所接受。

「在海外祕密監獄中，迴避美國法律，凌虐囚犯所取得的口供，乃是非法證詞，本法庭不能容忍。」法官說。

按最高法院歷年的判例，法庭以外第三者的證詞，是「傳聞」證據，除非證人親自來到法庭，在陪審團面前印證他的口供。

「即使證人前來本法庭，我也不能接受他在海外監獄中所表達的言詞。」法官裁決。

檢察官欠缺關鍵證人，舉證成了問題。

審判只持續三天，由法官交給十二位陪審員考慮。

2010年11月10日，陪審團告訴法官，他們已達成共識。

在公開法庭中，陪審團宣判，被告蓋納尼被指控的兩百多項罪名，全部無罪。只有一項有罪──破壞美國政府的樓房和財產。

法官判被告二十年有期徒刑，扣除他已被關的十年，只服刑十年。

解散陪審團的時候，主審法官感謝十二位陪審員，並稱讚「他們是美國司法系統的核心」、「他們的公正是我們的驕傲」。

在法院大門外，辯護律師對記者說：「在這裡，紐約城曼哈頓市區，在倒塌的世貿大樓前，九一一的陰影之下，陪審員們能夠客觀而公正地判斷事理，值得我們

驕傲。」

「陪審團的判決,證明我們的司法制度是偉大的設計。」另一位律師說。

B. 分析

那位關鍵證人名叫阿伯比(Abebe)。如果在法庭上作證,他和被告合作尋找卡車和炸彈零件,並且把炸藥賣給被告蓋納尼。這樣的證詞,可以相信嗎?海外監獄以不人道私刑凌虐囚犯,可以容忍嗎?

主審法官知道這項證詞的重要,然而政府用非法手段獲取的證據,非法逼供的證人,是美國法庭不能容忍的,這項規律的重要性,遠超過一個恐怖嫌疑犯的命運。法院如果容忍屈打逼供的「證據」,此例一開,「公平審判」便沒有存在的餘地。

在當時的氣氛中,面對這個可厭和可恨的阿拉伯人,陪審員們仍然冷靜地評斷證據,不接受政府指控的多項嚴重罪名,只判被告一項小罪。

法官嚴格控制審判程序,排斥不當的證據,不讓陪審團聽到俘虜在監獄中所作的供詞,沒有讓被告當庭對質,一律排斥在法院之外。

「法治」不問政治,又問法律和事實。本案彰顯真正法治的精神。

第七章　檢察官的義務

Crosley Green v. Attorney General of Florida, er al (2018)

A. 案例 [11]

　　1989年4月4日清晨，在佛洛達州一座小城的郊外，發生命案。一位女生用手機報警，說她的男伴福林（Chip Flynn）被槍殺。兩位警探和助手趕到現場，發現青年男子胸中一彈受重傷，不久死亡。女子名叫郝洛（Hallock）；她指稱被一個男人脅迫和搶劫，開槍殺人。

　　帶回警局訊問，女子的描述，細節和過程，顯得前後矛盾。但照她的描述，警察第二天抓到一位黑人男子，名叫克勞斯里（下稱被告）。被告說他當晚在幾哩之外，不可能到另處去殺人。警察還是拘捕他。第二天，女子指認開槍者就是被告。

　　不久檢察官起訴被告，要求陪審團判被告死刑。

　　在審判中，檢察官傳警探作證，在庭上說明調查的

---
11 Crosley A. Green v. Attorney General of Florida, et al (2018), Case No. 6-14-cv-330-Orl. 37185 (2018).

過程。輪到辯護律師詰問警探,有這樣一段對話:

律師:「你訊問證人(女子)幾次?」
警探:「前後好幾次。」
問:「製作書面報告嗎?」
答:「有,已交給檢察官。」
問:「能提出一份給我嗎?」
答:「請向檢察官索取,但我可以用口述……」

　　於是律師請他口述,沒有多問,卻轉向其他問題。
　　辯護律師沒有追問警探,要他提出書面調查報告,也沒有當庭要求法官裁示檢察官交出書面紀錄。
　　審判結束,被告被判有罪,罰處死刑。
　　1989 年到 2018 年,幾乎三十年,經過其他律師,被告一再上訴,主張他是無辜受冤。
　　當年的檢察官退休後,接任的新檢察官在應付被告的上訴時,發現當年警探的書面報告開會紀錄。這幾份檔卷,後來被告的律師,取得法官的命令,拿到檔卷。
　　原來當年的警探,對女子的描述,很是懷疑。兩位警探在書面報告中和開會的發言,都曾表示,可能女子自己是兇手,除了現場狀況之外,她的男友已經另有女友,對她表示要斷絕關係,所以女子可能因嫉生恨,開槍殺人。
　　2018 年,聯邦地方法院的主審法官審閱上訴案卷,

訊問兩方出庭代表之後，宣判三十年前的審判無效，違反了「公平審判」的原則。

法官援引幾項前例，在判詞中寫道：「檢察官沒有把被告是否犯罪的重要證據，交給辯護律師，影響了陪審團的判決，因為那證據對被告犯罪或無罪的可能性有合理的關連。至於當年那位辯護律師沒有追問證人，或請法官命令檢察官提出調查紀錄，也違反了被告獲得『公平審判』的權利。」

B. 分析

本案的法官援引兩宗前例：1958年兩個男子搶一輛汽車，車主被殺，兩人都被起訴共同殺人罪。其中一人向檢察官自白，是他開槍殺人。在審判中，檢察官沒有提這份自白，結果兩人都被判死刑。最高法院推翻第二位被告的有罪判決，因為檢察官藏匿對他有利的證據，使他沒有得到公平的審判。[12]

另一宗1994年發生的殺人案中，證人的供詞前後矛盾，而檢察官沒有交出這些紀錄，判決也被最高法院推翻。[13]

為什麼呢？

---

12 Brady v. Maryland, 373 U.S. 83 (1963).
13 Kyles v. United States, 514 U.S. 436 (1995).

我們設想,本案的被告克勞斯里有位能幹的律師,手上持那兩位警探的書面報告和會議紀錄,是可以用來詰問證人的材料:

問:「在這份報告中,你們對報案的證人有疑問,是嗎?」
……
問:「警探們曾表示,那女子可能是真兇,對嗎?」
……
問:「你們沒有具體證據,今天在法庭中,要求陪審團判被告有罪吧?」
……

究竟陪審團是否會受影響,今日不得而知。但被告至少有機會設法爭取公平的裁判。

第八章　南北戰爭的陰影

United States v. Mudd (1865)

A. 案例 [14]

1865 年 4 月 14 日,林肯總統偕夫人離開白宮,前往華府城內的福特戲院去看話劇。南北戰爭剛結束(1860-64),北方勝利,但全國政情仍然不安,南方的支持者憎恨林肯。

一位演員名叫約翰‧布斯(John W. Booth)與幾位同伴,圖謀行刺。布斯認識一位醫師莫德(Sam Mudd);醫師住在烏利蘭州鄉下,離華府二十多哩。布斯曾與莫德醫師在華府會面,後來在一家小酒店中,莫德見到布斯和他的同伴。酒店女主人是瑪麗‧蘇瑞特(Surratt)。

4 月 14 日,布斯潛入福特戲院,走到包廂後面,當時林肯正在看劇。布斯開槍擊中總統的後腦,然後逃跑。慌亂中,跌傷了一條腿。林肯被刺殺,全國軍警戒嚴,

---

14 Mudd v. Caldera, 26 F. Supp. 2d 13 (1998)(百年後莫德醫師的子孫試圖平反他的罪名)。

追捕刺客。

布斯騎馬跑到莫德醫師住處。醫師為他治腿傷、上夾板,並借給布斯一雙馬靴。布斯騎馬逃逸,但不久被軍隊截獲,將他打死。

軍警追捕到幾位布斯的同夥,查知莫德醫師的關連。5月1日將他帶回審問。莫德承認曾為刺客治傷,但堅持不知行刺的事。

布斯的同夥中有一位懷克曼(Weichmann),卻向軍警招供,指莫德醫師不但知道,而且參加行刺的計劃。於是連酒店女老闆瑪麗,他們都被起訴。

1865年5月11日,政府組織軍事法庭,審判十一位被告,莫德醫師是其中一位。

莫德聘請律師為他辯護;他們主張,1865年時,內戰已經結束,莫德是老百姓,軍事法庭沒有管轄權。法官拒絕他的辯論,裁示:「總統是三軍總司令,刺殺總統,是戰爭行為(An Act of War),所以由軍事法庭審判這些被告。」

在庭訊過程中,軍事檢察官叫證人上台作證。懷克曼是指控莫德醫師唯一的證人。

在審判中,證人懷克曼上台作證,談到莫德醫師的角色,懷克曼這樣說:

證人:「去年十二月,我在華盛頓與布斯會面。」
檢察官問:「還有沒有別人在場?」
證人:「有,莫德醫師。」

問：「你認識他嗎？」
答：「是的，在瑪麗・蘇瑞特經營的旅店中。」
問：「在華盛頓時，你們做什麼？」
答：「是他介紹我認識布斯的。」

其後由醫師的律師反詰問證人。

律師問：「你以前沒有見過布斯嗎？」
證人答：「遠遠見過，與他不熟。」
問：「在華盛頓見面的時候，醫師並沒有主張去刺殺總統吧？」
答：「當時未聽他如此講，但布斯的犯罪意圖，我們都知道的。」

　　審判結束，由九名陪審員討論。他們對莫德醫師的情況，很傷腦筋。醫師明明與刺客有來往，卻不承認，顯得不誠實。但他是否參加計劃行刺，卻欠缺直接證據。討論很久，投票結果，五位投「有罪」，四位投「無罪」。結果法官判莫德醫師無期徒刑。
　　另外的被告，四人被判死刑，兩人無期徒刑，一位判六年。瑪麗・蘇瑞特也被判死刑。次日便行刑。蘇瑞特是美國有史以來第一位被處死的女囚犯。
　　莫德坐牢三年後，監獄中發生疫病，死了許多囚犯。莫德醫師參加救治不少的病人。新總統頒令將他赦免，

放他出獄，恢復自由。

莫德上訴到最高法院，主張軍法審判侵犯了他的憲法權利，但法院尚未判決，總統已赦免他，所以他的上訴，沒有定論。

B. 分析

這是戰亂時期內，總統被刺殺後，政府使用嚴厲手段，處罰行刺者的案例。即令如此，審判中仍然要證人上庭作證。但證詞的可信力很有限。軍事法庭，程序粗糙。

尤其陪審員中，有四位認為被告無罪，在正常的法庭中，既有「合理的懷疑」，應該是無罪的判決。

本案是戰時造成的惡例。1975 年有女子行刺福特總統，1981 年青年辛克利槍傷雷根總統，都沒有使用軍事法庭處理。

1866 年最高法院在 Ex parte Milligan (1866)[15] 案中，宣判軍事法庭對普通老百姓，沒有管轄權，除非國家在戒嚴狀態。Milligan 判例成為未來的指標，但沒有解決莫德的上訴，因為當他被審時，國家正在因為林肯被刺而戒嚴。

在戰爭和刺殺總統的陰影下，本案是正常法律程序的例外。

---

15 Ex parte Milligan, 71 U.S. 2 (1866).

第 3 輯　法院的權威

引言　面對法官

2020年初，全世界發生瘟疫。觀察美國和各國應變，連想一百二十年前的法院判例。1900年6月，在舊金山華人社區的街上，發現幾具屍體，於是加州衛生局和市政府，下令封閉「唐人街」和周圍的住宅區。地方官員走訪華人經營的商店，貼封條全面禁止顧客出入，理由是防治「鼠疫」。

一位華人商店的老闆，面臨破產，便到座落在舊金山的聯邦地方法院，去控告市政府，指控政府侵害他的權利，要求法院下令阻止。

1900年6月15日，聯邦法院開庭審訊。他傳喚衛生局官員，訊問有無「鼠疫」的科學證據。官員拿不出科學證據，法官便判決原告華人勝訴。法官裁決，政府斷定當地發生「鼠疫」，欠缺科學證據，並且官員只封閉華人的商店，卻不封閉同一社區白人的商店，違反了華商被聯邦憲法所保護的「平等」權。於是法官下令撤銷加州和舊金山對華人社區防疫的措施和行為。[16]

---

16 Jew Ho v. Williamson, 103 F. 10 (1900).

這一段歷史應該使我們好奇！為什麼聯邦法院可以審核加州和舊金山市政府的作為？更基本的，法官何以有權力撤銷地方政府的命令？老百姓控訴地方政府，官員在法庭中抗辯，但法官一旦作出判決，官員們便乖乖地接受和服從。司法權高於行政權嗎？

　　「公眾（The public）有權向任何人索求證據。總統是任何人中的一人。」（The President is one of the anyone.）最高法院首席大法官羅伯茲的判詞。[17]

　　「社會將演進，政治將輪替……但法律是恆久不變的。」（約翰・亞當斯）

---

17 Trump v. Vance 17-965 U.S. Supreme Court (2020).

第一章　司法審核：國會的立法

Marbury v. Madison (1803)

A. 案例[18]

美國脫離英國的殖民統治，獨立以後，第一任總統是喬治・華盛頓。華盛頓擔任兩屆總統，任滿之後，請辭再連任，構成美國總統只連任一次的前例。華盛頓的副總統是約翰・亞當斯（John Adams），競選成為第二任總統。他在公元1797年就任，只做一任，於1801年卸任。

亞當斯總統卸任的前夕，簽署一批行政命令，企圖將自己的支持者，派任到行政和司法部門，充任重要官職。其中有一些初級法官的空缺，亞當斯簽妥指派令，但時間短促，匆忙中來不及將這些命令送達給當事人，留置在人事署中，亞當斯便下任了。

其中一位官員名叫馬伯瑞（Marbury）。新任總統傑弗遜就職以後，準備撤銷這批未送出的行政命令。馬伯

---

18 Marbury v. Madison, Cranch 137 (1803)。麥迪遜是國務卿，當時掌管政府官員的人事命令，所以馬伯瑞點名告麥迪遜，實際上挑戰傑弗遜總統。幾年後麥迪遜當選第四任總統。

瑞內心不服,到手的肥缺被人奪走,提狀到最高法院,要求最高法院命令(Writ of Mandamus)新總統,執行原案,任命他為初級法官。

當時最高法院的院長,名叫約翰・馬歇爾(John Marshall)。最高法院也剛成立不過幾年,尚未建立它的權威。傑弗遜總統(第三任)便一向主張,總統有權決定憲法的解釋和適用。他並不打算尊重最高法院的判決和意見。傑弗遜曾說:「馬歇爾儘管作他的判決,讓他試試向我執行吧!」

馬伯瑞的訴訟基礎,是國會於 1800 年頒布的「司法條款」(Judicial Act),其中規定,法官任命案的爭執,可向最高法院直接提訴,而無須經過下級法院,再上訴到最高法院。

最高法院的幾位法官,審閱這件訴狀,覺得相當為難。如果他們判決馬伯瑞勝訴,他們便必須頒發命令,要傑弗遜總統收回成命,將原存的派令,送達給馬伯瑞,任命他為初級法官。傑弗遜如不服從,最高法院又能將他如何?總統抗命,法院無法要他屈服,便將喪失權威,從此形同虛設。

如果最高法院判馬伯瑞敗訴,豈不是否定前任總統依法簽署行政命令的權威?並且派令已被簽署,送達只是形式,馬伯瑞理應被任命為初級法官,判他敗訴,於法無據。

這時最高法院面臨最困難的問題,便是如何鞏固司

法至上的權威和歷史地位。

經過三思之後,由院長馬歇爾執筆,最高法院作出下列的判決:

甲、馬伯瑞確實有正當理由抗爭新任總統。
乙、於法於理,馬伯瑞有理由期待這項任命,因為「已簽署的命令,是有效命令」。
丙、然而,馬伯瑞依據國會新頒的法律「司法條款」直接到最高法院來提訴訟,最高法院審閱憲法第三條,明文規定最高法院是終審法院,凡新訴訟必須先向下級法院申訴,不服判決方可層層上訴至最高法院複判,因此新法律「司法條款」,與憲法第三條本文相互牴觸。
丁、凡是牴觸憲法的法律,一概無效。
戊、憲法之解釋權,屬於聯邦最高法院。宣布法律違憲而無效,乃是本法院的職權。

依上述論理,馬伯瑞依賴無效的「司法條款」提訴,應予駁回。所以馬伯瑞敗訴,而最高法院卻取得長久的勝利。

為什麼呢?首先,它避免和總統正面衝突。然後,它宣布國會制訂的一條法律無效。這是最高法院首次宣判國會的法律因違憲而無效,建立今後法院的至上權威。第三,從今而後,最高法院才是解釋憲法的終極權威。

馬歇爾被譽為美國開國最偉大的法官，他的經典判決，便是馬伯瑞對麥迪遜（Marbury v. Madison, Cranch 137〔1803〕）。

判詞有一句令人咀嚼的名言：「本法院認可的法律，才是法律。」

B. 分析

早先從英國漂流到美洲大陸建立十三州的先驅者，帶來英國的傳統，他們反對英國的宗教，卻接受遵守和沿襲法院判決為先例的文化，也就是，後來的法院沿襲最高法院的判例，下級法院遵守上級法院的判決。法律由判例構成，法規由判例演繹。最高法院的判決，是傳衍後世的終極權威判例。

下級法院有義務遵守和執行最高法院的判決，不可違悖。唯有最高法院才可以改變已經建立的前例，但最高法院十分慎重，不輕易推翻已建立的判例。

最高法院廢除了國會的立法。不但如此，在判詞中馬歇爾大法官說：「確認什麼是有效的法律，乃是本法院的領域。」

從此以後，最高法院有權審核國會的立法，稱為「司法審核」（Judicial Review）。

此時最高法院還沒有機會對州級的立法和州級法院的判決，表示態度。

C. 案例

一、The Case of the Schooner Exchange（麥法登案）

美國商人麥法登（McFadden），擁有一條商船，船名「斯庫諾交易號」（The Schooner Exchange）。1810年，商船從美國東岸巴爾狄摩港啟程前往西班牙。在公海上被法國拿破崙的軍艦俘虜。拿破崙下令將商船改裝為軍艦，並命名「巴魯」號（Balou）。兩年後，「巴魯」艦在公海遭遇風暴，船身受損，不得已緊急停靠到美國費城海港。

麥法登發現「巴魯」停在美國的港口，便到聯邦法院去控告法國政府，要求法院命令將船隻扣押並交還給原主麥法登。他的訴訟在聯邦法院初審，獲得勝利。法國政府一直上訴到聯邦最高法院。

1812年，最高法院推翻下級法院，宣判麥法登敗訴，美國人對法國（外國）不能提訴要求扣押法國暫置於美國的資產（船隻），因為法國在美國享有「司法豁免」權。同樣的，外國法院也必須尊重美國在外國享受的、對等的豁免權。

「斯庫諾交易」案成為至今仍有拘束力的前例。[19]

164年後，國會立法，將此前例法典化「FSIA 90 Sta. 2691 (1976)」。

---

19 The Schooner Exchange Case, 11 U.S. 116 (1812).

二、司法豁免的例外

美國人在聯邦法院控告外國，也有成功的案例，它們構成「主權豁免」的例外。

1984年在加州發生華人劉宜良被槍殺的事件。後來破案，發現兇手和教唆犯牽涉到台灣（即「江南」案）。台灣的軍事法庭，經過公開審判，處罰政府官員和幫派人士重刑。

劉宜良的太太到聯邦法院，控告中華民國（R.O.C.），要求賠償。

被告（R.O.C.）拒絕應訴，主張司法豁免，聯邦地方法院接受 R.O.C. 的申辯，駁回劉太太的訴狀。原告不服上訴。開庭聽證後，聯邦高等法院於1989年宣判原告有理由進行訴訟，因為被告政府對其官員有連帶責任（Respondeat Superior），而教唆在美國犯罪，其行為放棄了「司法豁免」的特權，所以聯邦法院可以受理劉太太的民事訴訟。高等法院將訴狀發還給地方法院，並命令進行審判程序[20]。其後 R.O.C. 與原告妥協，賠償不明數目的金額，避免公開審判的尷尬。

---

20 Liu v. R.O.C. et al, 892 F.2d 1419 (1989).

D. 分析

　　最高法院根據 Schooner 案採納國際案例為美國法律，美國 100 多年來法院服從最高法院對美國老百姓控告外國政府沒有管轄，一直到 1976 年由國會立法和泛美空難案的解決以及劉宜良太太控告 R.O.C. 的案件以後，才構成國際公法中，外國政府享受司法豁免的例外。

　　最高法院採納 Schooner 案例仍然有效，唯一例外是外國政府在美國領土上故意犯罪行為，不受司法保護。

　　這就是法治精神的展現。

第二章　司法審核：州政府的立法

Yick Wo v. Hopkins (1898)

A. 案例 [21]

十九世紀中葉（1848）北加州發現金礦。白人淘金者大批（一年約九萬人）從東部湧到今日舊金山城的附近。華人也參加，但多淪為雜工。加州還是「新境界」（New Frontier）。加州州政府和舊金山卻嫌華人太多，多方歧視他們，其結果，除了做礦工和鐵路工人之外，華人無處工作，只好在城內經營餐館和洗衣店兩種行業。

白人仍然看不慣。1880 年舊金山市政府頒布一道法令，禁止在市區之內木製房屋中經營洗衣業。五年之間，當局並沒有執行這道法令。1885 年，新任警察局長霍布金斯（Hopkins）忽然派員查封木製房屋中的洗衣店。當時市內有三百二十家洗衣店，其中三百一十家在木製房屋中，約七十家由白人經營，其餘兩百四十家由華人經營。

---

21 Yick Wo v. Hopkins, 118 U.S. 356 (1886).

霍布金斯局長指令手下的警察，一口氣查封了兩百四十一家在木屋中營業的洗衣店。其中一家店名是「吳益洗衣店」（Yick Wo Laundry），店主名李益世（Lee Yick）。

李益世出生廣東台山，於1861年遷居加州。在木屋中開設洗衣店已經二十多年，從未發生火災或其他問題。在被警察查封之前不久，市政府衛生局曾檢查和通過洗衣店的衛生和安全。

然而警察依據新法令，將他們的店鋪全部查封並且拘捕所有的店主。遭拘捕的人犯，全部都是華人，只有一名白人，卻是一位女性店主，但不久警局便釋放這位女士。

李益世和其他華人不服，向加州地方法院提起訴訟，指警察局長非法拘禁他們。案件稱為 Yick Wo v. Hopkins。

加州地方法院審理李益世的訴訟，檢驗警長所依據的法規，內容如下：

「任何人非經政府特許不得在木製房屋中經營洗衣店……除非在磚製房屋中經營……」（市政府法規第156號，1880年5月26日頒布生效）。

當李益世和另兩百多位華人店主被拘禁時，這項法規已經生效五年之久。然而霍布金斯是新任警長，而且是個種族主義者。種族主義者，是心懷憎恨少數族裔的白人，他們厭恨華人和其他「有色人種」。現在既然大權在握，新警長於是大刀闊斧，查封所有華人的洗衣店，

將他們一網打盡，斷絕他們的生路。

加州地方法院聽審之後，認為這項法規並不是沒有正當理由。因為在木屋中經營洗衣店，恐有火險。市政府有權保障市民的安全。而且法規的文字，並沒有明白地歧視華人或其他少數族裔。

李益世卻主張，聯邦憲法第十四修正案（1868年制訂），明文規定，「任何州政府不得拒絕任何人平等待遇……」，而警察專門查禁華人經營的洗衣店，卻不查禁白人也在木屋中經營的洗衣店，乃是針對異族，違反聯邦憲法的歧視行為。

加州法院聽完之後，裁決李益世既不是美國公民，所以不夠格享受聯邦憲法規定的平等權。並且法規本身沒有種族歧視的文字。

李益世輸了這一關，便上訴到加州最高法院。半年之後，加州最高法院判決維持地方法院的原判。法院認為舊金山市政府有權力，也有義務規範市內的洗衣業，以預防火災和維護公共衛生。所以警察局有權取締這些木屋洗衣店。

這批華人求生無門，慘被拘捕，並且長期拘禁在監牢中，便聘請律師提狀向首都華府的聯邦最高法院上訴。

最高法院受理這樁上訴，因為它涉及憲法的疑問，並且挑戰嶄新的第十四修正案（剛在1868年通過），開庭審理之後，九位大法官一致投票同意，推翻加州兩級法院的原判，宣布加州的法規違反聯邦憲法，是無效的法規，判

決李益世和其他華人勝訴，並命令市政府立刻釋放他們。

最高法院的判決，成為歷史性的判例。「這宗案件顯示，市政府執行這項法規，全然針對特定少數種族的老百姓，令本法院不得不確定，不管這法規原來的用意何在，但代表州政府和市政府執行法規的治安機關，卻在執行過程中剝奪特定種族群體的平等權。」

至於洗衣店店主們並不是美國公民的問題，法院確認他們雖然是大清帝國的子民，但他們已經長期居住在美國，「憲法第十四修正案明文規定，任何州政府不得拒絕任何人的平等待遇，其文字指明『任何人』，而並未規定必然是美國公民。儘管這些華人仍是中國的子民，在美國境內，他們同樣受到憲法所保護的平等權。」

最高法院的結論中有這樣的警語：「當政府執行表面看來並沒有人種歧視的法律時，卻用邪惡的眼睛和不公平的手段去對付特定少數族裔，便違反了美國憲法第十四修正案所保障的平等權。」

法院宣判市政府的法規違憲而無效，並命令地方政府立刻釋放這批華人，撤銷對他們洗衣店的查封。

B. 分析

Yick Wo v. Hopkins 是美國歷史上第一宗判例：闡明不但法律和法規不得明文歧視少數族裔，而且在執行一道表面中立的法律時，政府也不得使用「邪惡的眼睛和

不公平的手（with an evil eye and unequal hand）」，迫害少數族裔。

更進一步，它也是美國歷史中最早的判例之一，指明平等權不僅保護美國公民，也保護沒有公民籍的華人居留者。

尤其重要的，經過李益世案，聯邦最高法院判決一個州的地方法規，違反美國憲法，是無效的法規。這是美國歷史上第一次，最高法院建立它可以廢止各州的法律的權威。

第三章　司法審核：總統的行政命令

Trump v. Hawaii, et al (2018)

A. 案例 [22]

2017 年 1 月 28 日，剛就任的總統川普，頒發行政命令，在美國各港口和機場，禁止伊朗和六個其他中東國家的阿拉伯裔人民，進入美國。行政命令並不是法律；它只拘束和指揮聯邦政府各部會的工作和政策執行。但各入境的港口和機場都屬於行政機關管理，所以總統的行政命令，成為對中東國家的禁令。

這項行政命令（EO-2）幾乎立刻就遭遇法律的挑戰，因此它的大前提，是人種和宗教歧視，也就是違反了憲法第一條修正案。憲法保護人民的信仰自由。來自中東的阿拉伯裔旅客，有人持有美國護照、永久居留權、或官方的入境簽證。這項概括的禁令，妨害了他們的宗教自由和平等權。

2017 年 2 月 3 日，座落在西雅圖的聯邦地方法院，

---

22 857 F.3d 554 (2017)；851 F.3d 359 (4th Cir. 2017).

接到訴狀挑戰白宮的行政命令。聽證後，法官下令停止執行這項行政命令，因為它違反了憲法。聯邦司法部隨即上訴（857 F. 3rd 554）。

不久後（10月17日），第四巡迴區聯邦高等法院，和設在夏威夷州的聯邦地方法院，也分別下令中止這項行政命令。白宮也上訴。

高等法院也維持地方法院的判決；於是川普再上訴。

2017年12月4日，最高法院受理白宮的緊急上訴，命令暫時停止各區下級聯邦法院的裁決，也就是，准許恢復執行白宮的行政命令。於是各關口的官員，又開始檢查入境的旅客，禁止來自中東的阿拉伯人進入美國。[23]

2018年4月25日，最高法院開庭，聽取兩方的言詞辯論。7月26日，最高法院以5-4的投票，決定支持白宮的立場。法院表示，行政機關有權力保護國安。中東的許多國家，確有不良或恐怖分子，可能隨旅客潛入美國。對於國家安全，白宮有裁量權，法院不宜過問。但是，來自中東國家的阿拉伯裔旅客，如果有「真正」（Bona Fide）理由，必須進入美國，官員可以讓他們入境，行政命令不適於他們。

對伊朗仍然全面禁止。

怎樣是「真正」的入境理由呢？譬如有親人（父母、兒女、兄妹等）在美國；有需要進入美國從事商務；因

---

23 17-965, Supreme Court (6/26/18), 138 S.Ct. 2392. (2018).

為公務須進入美國等等。持有永久居留身分的旅客,也准許入境。旅客負舉證責任;駐外領事館和關口的官員,應合理的決定,但有全權准許或禁止申請。

最高法院判決後,關於「旅行禁令」的爭執,逐漸淡化。

B. 分析

這是各級法院審核白宮的行政命令的實例。不論其結果如何,法官們盡責地考慮和審訊老百姓的申訴,依照法理作決定。總統的行政命令,不受歡迎的阿拉伯人,也可抗拒,向法院求助,而得到許多法官的支持。

與國會的立法、州政府的法令、和各級法庭,同樣的,總統的行政命令,也受到聯邦法院可能的約束。

其實白宮並沒有勝訴,因為最高法院撤銷了行政命令的主題——禁止所有的從六個中東國家的阿拉伯人入境。法院卻設定標準,容許真正有正當理由的阿裔旅客進入美國。其判決兼顧國家安全與人民的活動自由。

開國元勳富蘭克林(Benjamin Franklin)曾說:「為國安而犧牲自由,將得不到國安、也得不到自由,並且不配享受國安或自由。」(To sacrifice liberty for security, one obtains neither, nor deserves either.)

第四章　拘束聯邦執法人員

Weeks v. United States (1914)

A. 案例 [24]

堪薩斯人威克斯,有一天在他工作的地方,被聯邦警察拘捕。警察出示法院頒發的拘票。警察將他押往拘留所。同時,另一批警察前往威克斯的住所。住所的大門已經上鎖,但鄰居告訴警察,在大門附近威克斯藏有一把鑰匙。找到鑰匙後,警察開鎖打開大門,進屋後全面搜索,找到許多文件。文件中載有威克斯經過電話和電報(那時沒有電腦)進行和買賣彩券。

依據這些文件上的資料,聯邦檢察官起訴威克斯,因為使用州與州之間的電訊賭博和買賣彩券,違反法律,是犯罪的行為。

威克斯(被告)經過審判被判罪之後,向高等法院上訴,失敗後,再上訴到聯邦最高法院。他主張,雖然警察持拘捕票抓他,但另一批警察開鎖進入他的住所,

---

[24] Weeks v. United States, 232 U.S. 383 (1914).

卻沒有事先向法院請發搜索票,其行為是違憲的。因此,搜獲的紙張文件,都是非法取得,法院在審判中,不應該接受為犯罪證據,因此有罪的判決,應該被推翻,而且警方應歸還所有的文件。

1918年1月,聯邦最高法院在聽取兩方的言詞辯論後,作出判決。法院引用憲法第四條修正案的文字,法條文字規定「人民有權利對其身體、住屋、紙張、和物件應該安全,不受無理的搜索和截取。」

（The right of the people to be secure in their persons, houses, papers, and effects, against unreasonable searches and seizures.）

憲法條文既明文規定「住屋、紙張、物件」,在本案中,警察沒有法院的搜索令,也沒有被告的同意,逕自開門進屋搜索,便違反了憲法的明文禁令。至於警察先已經合地拘捕了被告,然而搜索他住屋與拘捕他,在兩處進行,雖是同一案件相關的調查,卻是兩宗不同的執法行為。沒有法院頒發的搜索令,警察不可進入被告的住屋,更不可截取他的紙張和物件。所以原來的判罪是無效的。

B. 分析

這是最高法院解釋憲法保護人民的「身體、住屋、紙張和物件」的早期權威判例。法院對聯邦政府的調查

人員,嚴格限制他們行為的範圍。法院運用的是「排斥」規律。

這宗判例(限於聯邦執法人員)還沒有把「排斥」規律執行到州級的檢警和州級的法院。

第五章　拘束州級警察

Mapp v. Ohio (1961)

A. 案例 [25]

1957年，在俄亥俄州的克里夫蘭城，警察根據密報，指某一家房屋內窩藏逃犯。這家的主人，名叫多麗・麥普（Dollree Mapp），是位二十九歲的單身非裔女子。七位警員在門口要求入內搜索，遭麥普小姐拒絕。麥普要求警察出示法院頒發的搜索狀。一位警員從口袋中掏出一張白紙，在她面前晃一下，稱那是搜索狀，但不肯讓麥普過目。麥普手快，一把搶下白紙，並塞入她襯衫內胸罩中。警察們惱羞成怒，一擁而入，並將麥普手腳都上鐐銬，而且從她胸罩內搶回那張白紙。既已屈服麥普，警察便全屋搜索，在樓房底層找到一疊黃色書籍，但未找到「窩藏」的逃犯。他們拘捕麥普，並依俄亥俄州禁止持有黃色書籍的刑法，起訴麥普。

麥普的朋友，介紹一位打抱不平的律師，代理她進

---

25 Mapp v. Ohio, 367 U.S. 643 (1961).

行訴訟，在法庭中，對抗俄亥俄州的檢察官。

俄亥俄州的地方法院，認為黃色書籍呈堂，證據確實，判麥普兩年有期徒刑。她便不服上訴，主張警察非法搜索她的住屋，非法扣押取得的證據（黃色書籍），依聯邦憲法第四修正案應被排斥，法官沒有遵守聯邦憲法的規定，卻使用非法證據判她有罪，判決應被撤銷。

俄亥俄州的最高法院開庭審理後，宣判麥普敗訴，因為俄亥俄州有自己的「正當程序」，不受聯邦憲法的限制，而且「排斥規律」只拘束聯邦法院，不適用於州級法院，所以法官不必當庭禁止檢方將證據提堂，依州級慣例，可以讓陪審團看到或聽到。

俄亥俄州的主審法官在審判過程中，沒有必要從證據中排斥那非法取得的黃色書籍。

當地報章稱麥普小姐為「那位持有猥褻書籍的女子」，當作笑談。

麥普不服，再上訴到在華府的聯邦最高法院。

四年之後（1961），聯邦最高法院宣布，俄亥俄州的法院，誤判了麥普小姐，因為警察非法闖入她的住屋，非法拘捕，非法搜索，取得的證據（黃色書籍）乃是非法證據，俄亥俄州的法院，有義務依循「正當程序」審核本案，而「正當程序」包含憲法第四修正案關於拘捕和搜索的禁令，所以俄亥俄州（和全國其他各州）都必須遵守聯邦憲法和最高法院的規定，排斥非法取得的證據，因此它的判決應被撤銷。經過麥普案，將 Due

Process 的標準,擴張實施於全國所有的法院和執法人員。

開庭審理時,大法官們一再訊問「那張從小姐胸罩中搶出來的紙張,究竟是不是搜索票?」

代表俄亥俄州警察的辯護律師,當庭無法回答。

那時麥普小姐三十三歲;上訴時一直交保在外,最高法院的判決,免除她罪名和坐牢,並沒有其他好處。

B. 分析

從 1961 年之後,全國各州的法院,都必須尊重美國聯邦憲法保障的隱私權,並且和聯邦各級法院一樣,一律遵守「排斥規律」的管制,也就是,警察不可非法拘捕人民或搜索和扣押證據,否則法院不准在審理時考慮非法取得的證據。

「那位持有黃色書刊的女孩」多麗・麥普,不平則鳴,促使最高法院推翻一百多年的前例,擴張「正當程序」的內容和適用範圍,改變了美國的法制。

法院採納獨特的「排斥規律」(Exclusionary Rule)。這條規則的運用,迫使警察儘量遵守憲法和尊重人們的權利,不然他們的調查工作,全是白廢。

然而聯邦憲法保障的隱私權和緘默權,本來只拘束聯邦各級法院和執法人員。各州都有自己的法律和程序,理論上不必聽從或接受這項聯邦法院中遵行的證據法則。但與上述第四修正案不同,聯邦憲法第十四修正案的文

字,卻適用於全國各州,因為它規定:「任何政府不得拒絕任何人平等保護,非依正當程序不得剝奪任何人的生命、自由或財產。」「任何政府」當然指聯邦和各州。

所以各州的法院,必須遵守這項規定。其中最重要的字句,便是「正當程序」(Due Process)。

什麼是「正當程序」呢?從建國到二十世紀中葉,各州的法院運用自己的審判程序,對「正當程序」有不同的標準,警察使用習慣的偵查方法,全國變得參差不齊,產生許多令人咋舌的冤案。尤其是一些南部州,時常草菅人命,動輒將黑人被告吊死,貧窮無助的白人也不能倖免。所謂「正當程序」成為空洞的保障。

法院對「正當程序」解釋,包括聯邦憲法所載第四條修正案保障的隱私權,即人身、住屋和物件,非經正當程序,警察不可侵犯。本案將 Weeks v. United States 的主旨(拘束聯邦執法人員),擴展到拘束各級檢警,並且使用「排斥規律」,禁止各級法院採納非法搜集的證據。

「麥普」案之後,一系列的判決,將各州的審例程序和執法標準全國化。

第六章　詢問犯罪嫌疑人

Miranda v. Arizona (1966)

A. 案例 [26]

　　1963 年 3 月，美國西南部的亞利桑那州首府鳳凰城（Phoenix）發生擄人與強姦罪，受害人是位十六歲女子。警察循線索拘捕二十三歲的西裔男子，名叫歐尼斯托‧麥蘭達（Ernesto Miranda）。麥蘭達有美國公民籍，無固定職業，而且犯罪前科累累。從小失去母親，麥蘭達出入少年感化院和成人監獄許多次。警察將他拘捕到案後，持續訊問他兩小時。當麥蘭達口頭承認犯罪後，警察交給他一張打字的文件，算是他的自白書，叫他簽字。麥蘭達服從地在文件上簽名。自白書由警方代寫和印妥，第一行寫道：「我證實所有的自白，都是出於我自由意志，警察並未脅迫我，或與我交換條件，這篇自白完全是自主的。」

　　檢察官起訴麥蘭達，在法庭審判時，提呈他的自白

---

26 Miranda v. Arizona, 384 U.S. 436 (1966).

書。法官採納為證據。麥蘭達被判刑二十至三十年。

地方法院在審訊被告之前，曾指派一位律師替他辯護。當檢察官在法庭提出自白書時，辯護律師曾起立反對，指出麥蘭達被捕後，警察沒有告訴他有權利保持緘默，未提醒他可以要求辯護律師代理或商量，也沒有告訴他，他在偵訊中作的供詞，將來在法院中可以提出為對他不利的證據。

檢察官起立反駁，指出最高法院的新判例（Gideon v. Wainwright）只要求被告在法庭審判時，有律師代理權。律師權不適用於警察訊問犯人的程序。

主審法官當庭駁回辯護律師的抗辯。

麥蘭達遭判重刑後，他的律師為他上訴至亞利桑那州的上級法院。最終州級的最高法院宣布維持原判。於是律師便舉狀上訴到聯邦最高法院。

1966年春季，最高法院開庭審理，九位大法官以五票對四票，判決亞利桑那州法院的判決，不符美國憲法的規定。因為憲法第五修正案保障人民的緘默權，而第六修正案保障人民的「律師權」。比五年前的「吉甸」案判例更進一步，最高法院認為「律師權」和「緘默權」從警察拘捕犯罪嫌疑人的一刻，便已開始。最高法院宣示，這是「正當程序」要求。判詞說：

警察拘捕被告的時刻開始，必須明白告訴他，可保持緘默。如果被告表示要保持緘默，警察需停止訊問。

警察必須明白告訴被告,可找律師商量。如果被告要求律師,訊問須停止。其後再訊問時,律師必須在場。警察應明白告知,在拘留中所作的言詞,將來在法庭中可用為對被告不利的證據。

最高法院將「緘默權」和「律師權」的起點,提前到警察拘捕嫌疑人時便開始。它並指示,新的程序是憲法規定的「正當程序」的一部分,全國各級法院都必須遵守。

最高法院撤銷亞利桑那法院對麥蘭達不利的判決,發回更審。兩個月之後,州級地方法庭開庭重審。檢察官不能提出麥蘭達當初的自白書,但檢察官傳喚到曾被麥蘭達劫持的少女,上庭作證。受害人在法庭中當場指證麥蘭達是當初脅持和強姦她的男子。陪審團便判他有罪,法官依然判麥蘭達二十年徒刑。

B. 分析

最高法院在「麥蘭達」Miranda 判例中的指令,今日是全國各級警察必用的程序。批評者認為這些規定幫助犯罪的壞人,其實不然,自古以來,逼供是入人於罪最方便的方法,但也是最不可靠的方法。從本案以後,警察不能依賴「自白」,而不尋求客觀可靠的證據。

聯邦最高法院推翻州級法院的判決,禁止地方警察

「非法」逼供，約束各州警察的行為，規定他們在詢問被捕的嫌疑犯之前，必須尊重犯人權利。

全國各級法院、檢察官和警察，都須接受「麥蘭達」警語的拘束，以保法院審案的正當程序。

第七章　正當程序

Wong Sun v. United States (1963)

A. 案例[27]

在舊金山市「李文握街」第117號曾有一家洗衣店，店主名叫詹姆斯・蔡（James Toy）。政府的緝毒特派員根據情報，認為他的店鋪內藏有毒品。一天清晨，五位緝毒員破門而入，將蔡某人拷住雙手，逼問他毒品何在。蔡某回答，他沒有毒品，不過另有一人，叫強尼・余（Johnny Yee），住在第十一街，是個毒品販子。於是緝毒特派員湧到余某的住宅，拘捕了他，並且在屋中找到毒品。

在警察局中，余某招供，承認他從事販毒，但指出毒品來源，是另一位華人，綽號「海狗」（Sea Dog），真名王松（Wong Sun），一家餐館的老闆。當天破曉，特派員趕到王松家中抓到他，帶到警察局去訊問。在王松家中也搜到一些毒品。

---

[27] Wong Sun v. United States, 371 U.S. 471 (1963).

檢察官將他們以販毒罪名，各別起訴。

起訴之後，法院擇日開庭，法院准許三個被告，交保回家候傳。在開庭之前，緝毒特派員們繼續調查。

過了三天，王松自動跑到警察局，找特派員談話，企圖替自己脫罪。在回答問題時，王松說了許多話，解釋自己的事業和家庭，強調沒有販毒賺錢的必要。其中有這樣一句自作聰明的話：「⋯⋯我把那些毒品放在家裡，只是替朋友保存，沒有出賣毒品的意圖。⋯⋯」特派員又問王松是否從強尼・余那裡拿到金錢。王松承認曾收錢，但堅持與毒品無關。

地方法院開庭審判強尼・余和詹姆斯・蔡時，他們主張當時緝毒特派員沒有出示拘捕狀和搜索狀，卻拘捕他們和搜索他們的家。所以被扣押的毒品，應該被排斥，不應在法院中提出。王松在法庭中也提出同樣的抗議。

地方法官駁回他們的異議，准許檢察官在法庭中提呈搜索到的毒品，以及三人對警方所作的口供。陪審團看到毒品和聽到他們的口供，判他們三人有罪。

強尼・余和王松不服上訴，一直將官司打到聯邦最高法院，經過開庭審訊之後，最高法院判決，強尼・余的有罪判決，應該被撤銷，發回地方法院重審。至於王松的有罪判決，最高法院決定維持原判，也就是，地方法院的判決，是正確的，不必推翻。

為什麼兩個被告，獲得差別待遇？

最高法院認為，緝毒特派員拘捕三個人時，都沒有

在事先取得法院的拘捕令和搜索令,所以都是非法的警察行為。因為憲法第四修正案要求,非得持有拘捕狀或搜索狀,政府不可拘捕老百姓或搜索他們的房屋。

拘捕強尼‧余既然不合憲法程序,於是由拘捕他到搜索他的住處,後來取得的毒品,都是非法拘捕的結果,警探們白忙一晚。最高法院稱那些證物,都是「毒樹的果實」(Fruits of a poisonous tree)。所以當時的地方主審法官,應該排斥那些證據,不可在法庭中使用。

連強尼‧余的被捕,都是「毒樹的果實」,因為特派員是在拘捕第一個嫌疑犯,就是那位詹姆斯‧蔡(James Toy)時,就沒有出示拘捕令,所以是非法逮捕。

所以最高法院駁回地方法院的原判,命令原來的法院不可接受有毒的證據,但可以依賴其他合法的證據重審強尼‧余。

王松沒有那麼幸運。特派員匆忙地拘捕王松,是根據強尼‧余的招供。既然警方拘捕強尼‧余不合法,那麼警方拘捕王松也當然是不合法的。王松被捕,乃是「毒樹的果實」。但王松在被起訴之後,自忖可以瞞過警探,隔了幾天,自動到警察局去對話,「言多必失」,弄巧成拙,欲蓋彌彰,不小心地承認自己家中藏有毒品,並且曾經出賣那批毒品,收受金錢。最高法院認為,「王松主動合作,切斷了非法拘捕和他自白之間的因果關係。」他的自白既已不算是「毒樹的果實」,地方法官准許檢察官在審判時提呈他的自白口供,陪審團確定王

松的有罪判決,並沒有違反憲法。

這宗案件是 Wong Sun v. United States, 371 U.S. 471 (1963)。

王松畢竟被判有罪,坐了幾年監牢。但他和強尼・余的上訴,都造成重要的判例。重要在哪兒呢?

B. 分析

最高法院確定,非法搜得的證物,不准在法庭中使用,也就是,重申各級法院必須遵守「排斥規律」。不但如此,「毒樹的果實」一概不准使用為證據。更進一步,非法拘捕所引出的言詞,也是「毒樹的果實」。向來「排斥規律」要求法院排斥有形的證物(例如被搜獲的海洛因)。但從現在開始,被非法拘捕的嫌疑犯在調查過程中所作的言詞,以及他的言詞所產生的後果(循線索找出的其他嫌疑犯),也都是「毒樹的果實」,一概不准在法庭中使用。除非像王松的情況一般,被告自主地合作,切斷非法拘捕搜索的路線,截斷了因果關係。也就是,被告的行為切斷了「毒樹」與「果實」之間的銜接。

強尼・余在重審之前,與檢察官妥協,用認罪的方式,換到幾個月的徒刑。出獄後沒有再犯罪。

王松的餐館由其他人接辦,經營幾年之後歇業。出獄之後,王松的去向不明。

他的姓名,卻永遠留註在美國憲法的歷史中。

在討論 Mapp v. Ohio 的故事時，我們已經知道，聯邦最高法院從 1961 年以後，已明確禁止全國所有各級法院使用這種證據。

　　本案更進一步，禁止法院使用非法行為間接取得的證據，稱為「毒樹的果實」（Fruits of a poisonous tree）。

第八章　州級「司法審核」

Governor Laura Kelly v. Legislative Coordinating Council (2020)

A. 案例 [28]

2020年初瘟疫蔓延美國。中部的堪薩斯州（Kansas）已有不少居民被感染。追尋病人感染的來源，發現至少有四個病人，曾經分別參加幾家教會的活動，而遭感染。眾多人的集會，傳播了病毒。

3月16日，女州長凱莉與州議會商量，經州議會通過議案，同意州長頒發行政命令，關閉所有的市場商店，並要求老百姓在家禁足。命令的例外，是「重要活動」，例如購買食品、走訪醫療診所等等。命令特別禁止十個人以上的集會。

4月10日是基督教的「受難節」；12日是「復活節」，都是教徒聚會的重要節日。但州長的行政命令，禁止超

---

[28] Governor Laura Kelly v. Legislative Coordinating Council, Kansas Supreme Court, No. 122,765 (2020).

過十人的聚會。

因為「禁足」，州議員們分散各處，無法旅行，也不能聚集在州的首都議會大堂開會。但議會中設有一個「協調委員會」，共七位議員組成，當議會休會時，委員可以代表議會，代行職務。

4月8日，「委員會」忽然宣布，代表州議會，廢除凱莉州長的行政命令，取消禁止十人以上集會的禁令，並鼓勵老百姓參加教堂的集會活動。

4月10日，州長提訴訟到堪薩斯州的最高法院，要求法院裁決州議會「委員會」沒有權力廢除州長的行政命令。

於是堪薩斯州的立法機關與行政首長，發生權力的衝突。兩方僵持，全州的人民都等待法院的審判。

4月11日（復活節前夕），州的最高法院開庭，因為「禁足」，庭訊使用電傳，公開訊問兩方的理由，聽他們的言詞辯論。

代表州長的律師，第一句話就指出：「本案是對法治的挑戰……」他指出，州議會如果全體出席、正式開會，可以依立法程序，通過法案，限制行政機關的權力，而法案需州長簽署，才可生效。「一個委員會，沒有經過正式授權，怎能撤銷州長的行政命令？」

在法官面前兩方激辯一小時。審判長答應因為疫情緊急而次日便是「復活節」，法官們將儘快作出判決。

當天（4月11日）晚上，堪薩斯州最高法院宣判，

州長勝訴,生效的行政命令,禁止十人以上的任何聚會。

第二天節日,堪州的人民和各教會,遵守州長的命令,只用電子連線紀念復活節。

B. 分析

三權鼎立的架構下,行政、立法和司法,表面看來是平行的權力機構。何以行政與立法衝突時,須請求法院仲裁?法院一旦作出判決,官員們和老百姓乖乖地接受和服從?

如州長在法庭的言詞辯論所指正,「這是對法治的挑戰」。審訊結果,法院批准州長的行政命令,駁回議會的主張。無論是立法或行政,誰贏誰輸,都是「法治」的勝利。

本案是「司法審核」,在州級政府的運作。

第 4 輯　擴展「審核」範圍

第一章 「身體」的隱私權

Griswold v. Connecticut (1965)

Roe v. Wade (1973)

A. 案例 [29]

1961 年在康乃狄克州,警察突擊一所協助婦女「家庭計劃」的診所,拘捕它的管理者,因為康州的法律禁止任何人使用或分送避孕藥。

被告反抗,向聯邦法院聲訴康州的法律違反聯邦憲法,他們主張憲法第四條修正案保護人民的隱私權(The right to privacy),夫婦之間的家庭計劃,包括避孕,乃是兩人私下的決定,州政府無權干涉,所以突擊「家庭計劃」診所,是違憲的行為。

憲法並沒有提到隱私(privacy)這個字。第四修正案這樣規定:「人民安全地在家,其個人房屋、紙張、文件或物質,均不可侵犯。」

---

[29] Griswold v. Connecticut, 381 U.S. 479 (1965); Roe v. Wade, 410 U.S. 113 (1973).

上述的訴訟一路上訴到最高法院。1965年，法院宣判，夫婦決定購買和使用避孕藥，是私人之間的決定，其行為受到憲法的保護，如此，則診所分配避孕藥也受到憲法的保護，因此康州的法律無效，既然康州的法律違憲，所有其他各州相同的法律，都一概無效。

　　最高法院的判詞說：「婚姻受到隱私權的保護，避孕的決定和行為，也是隱私權的一部分」。

　　七年以後，在另一宗判例中，最高法院宣布，既然已婚婦女的避孕是憲法保護的隱私權，那麼未婚女子也立於同樣地位，受憲法保護，因為憲法第五條和第十四條修正案，都明確保障人民的平等權。已婚婦女和未婚女子，權利沒有分別，不可差別待遇，所以一般法律不可禁止她們避孕。

　　女子對自己的身體，取得了起碼的自由選擇權。

　　大學校園的女生，開放多了，「嬉皮時代」隨著「披頭」的歌聲，來到了美國。

　　1967年，德州未婚女士Norma McCorvey（諾瑪）找不到診所替她做墮胎手術，因為德州在1894年已立法禁止婦女避孕或墮胎，避孕的禁令已被廢止，墮胎的禁令仍然存在。諾瑪化名為珍‧柔（Jane Roe）告到聯邦法院，指德州的法條違反聯邦憲法，她主張墮胎也是女子的私人決定，政府不可干涉或禁止。

　　對她的大膽挑戰，全國注目，案件一路上訴到最高法院，纏訟多年，法院於1973年宣布判決，法院說：

婦女們對她們自己的身體，持有「隱私權」（Right to privacy），並且憲法保障她們的隱私權。因此，懷胎或墮胎，基本上是婦女的選擇，各級政府不准干涉。然而母體懷孕九個月到足月生產，在九個月中間，胎兒在母親腹中成長，到某一定點，胎兒開始有單獨生存的能力，這時他們會成長為獨立的生命。那麼成為生命的轉捩點是何時呢？

最高法院決定，母體懷孕九個月，應分隔為三期，也就是，每三個月算一期。懷胎初期的三個月，胚胎還沒有生命力（viability），只是母親身體內的一塊肉；第二個三月期，胚胎成長為胎兒，開始有生命力；到六個月以後，即三期中的第三段，胎兒已經有單獨生存的能力。

根據這項分析，最高法院在「柔」案中宣布，在婦女懷孕的第一期，即頭三個月，她們對體內胚胎的處分，有全權，而政府不准用法律或執行法律的手段，去干涉她們的選擇權，也就是，政府不得禁止她們墮胎。

到了第六個月以後，也就是第三個三期，既然胎兒已有生命力，母親的選擇權便相對地減低，政府可以用法律限制或禁止墮胎。

至於懷孕的中期，也就是第四個月開始直到第六個月為止，母親的選擇權又如何？

最高法院決定，母親的選擇權和胎兒的生命力，相

互競爭。為了保護兩方，最高法院認為，除非繼續懷胎對母親的身體有害或生命有威脅，政府可以禁止她們墮胎，也就是，唯有在不得已的情況，為保護母親的生命或健康，墮胎才可以被界定是合法的。

訴訟終結時，諾瑪小姐當年沒有打掉的胎兒已經五歲多。

B. 分析

最高法院將所謂「隱私權」，自憲法中的文字「身體」（person），擴張到女子對自己身體的選擇權。

這幾宗判例全面廢除全國各州的法典中禁止墮胎的條文。

本案又是聯邦法院廢除州政府立法的實例。

「山雨欲來風滿樓」——最高法院頒布了劃時代的判決。

從此以後，美國政治和民間分成兩派，壁壘分明：支持「柔」案和反對「柔」。也就是，女子對自己的身體有沒有自主的能力。法院說，她們有選擇是否懷胎到生產嬰兒的自由（即 Pro Choice）。反對者則堅持，不准打掉胎兒（即 Pro Life），要保護胎兒的生命。

反對派是誰呢？他們是政治意識中的保守者、宗教團體和傳統的大男人主義者。相反的，支持法院判決的

人們,是政治意識中的自由者、大多數婦女和無所謂的一般人。

墮胎合法化和黑白種族矛盾,成為數十年美國政治和社會不能解決的問題,而且將是永遠的爭執。

第二章　教育平等

Lau v. Nichols (1974)

A. 案例[30]

非裔黑人的社會地位和法律權利，是美國長期的問題。1898 年最高法院在 Plessey v. Ferguson 的判決中，宣示「分而平等」的原則。

「分而平等」（Separate But Equal）的政策，將非裔黑人從社會各階級排斥和隔離，令他們接受劣等教育，居住於貧窮社區，以致難以出頭或生存。

但把華人的子女，與白人分隔，儘管是「分而平等」的現象，卻沒有達到歧視的結果。因為華人把「東方公立學校」辦成高品質的學校，雇請優良的老師；更重要的是，學生們品質優良，勤奮用功，使「東方公立學校」成為優秀的學校。許多家長甚至寧願孩子們就讀這所學校。

「分而平等」的國家規範，到 1954 年才被終止。

1954 年，最高法院在「布朗」案（Brown v. Board of

---

30 Lau v. Nichols, 414 U.S. 513 (1974).

Education）中，宣布「分而平等」違反憲法保障的平等權，從此以後，「隔離便是不平等」。一瞬間，黑白分校變成不合法的歷史現象。全國的公立學校從此以後，開始逐步黑白合校。

重劃校區達成黑白合校的判決，由各地的聯邦法院負責監督執行。十七年之後，1971年，加州才逐步實施。

舊金山的校董委員會（School Board）向聯邦地方法院提出合校計劃，法官審查後批准。計劃預定將華人社區的「東方」學校，與同地區其他公立學校合併。

許多華人家長竭力反對。黑白合校向來是白人家長最反對的政策，因為他們鄙視非裔黑人，這是多數歧視少數的現象。華人也是少數族裔，照理應該贊成合校制度，以避免多數歧視少數現象的持續。然而華人家長卻激烈反對合校。他們既不願自己的孩子與黑人成為同學，也不願他們與白人成為同學。他們想維持「東方」學校的傳統，儘管它是早年歧視華人的產品。

李桂皇（Guey-Heung Lee）是舊金山居民，他的男孩正在東方學校讀書。知悉州政府即將執行「合校」計劃，而且聯邦法院已經批准這個計劃，他立刻提出訴狀，要求法官立刻撤銷他的批准。

法官當然不肯，便駁回李桂皇的要求。於是李桂皇上訴到聯邦高等法院，請求推翻地方法官的判決。高等法院不接受他的申辯，維持原判。李某便再上訴。

1971年8月25日，最高法院宣判。判詞中指出，

「布朗案並非專門針對黑人,它涵蓋所有的少數族裔,包括華人的子弟。⋯⋯當年將華裔兒童集中在專設的東方學校,乃是不准他們進入一般公立學校,是歧視的結果。分校乃是『法律的(支持)歧視』(De Jure Discrimination)。⋯⋯所以聯邦地方法官批准舊金山全盤合校的計劃,是正確的決定。」

華人面對公共教育制度廢除人種歧視政策的反應,繼續蔓延。

加州政府在執行合校的過程中,把東方學校中兩千四百名學童,安插到普通公立學校中去讀書。可是其中的一千八百位學童,不熟悉英文,無法適應英語教學的公立學校。學校提供英語補習課程,但只能輔助一千名學童,其餘八百名學生,沒有補習的機會,無法跟隨課堂的進展。其中一群學生由一位家長代表出面(肯尼劉 Kinney Lau),向州政府抗議。

他們主張,加州公立學校歧視不熟悉英語的華人學生,違反了憲法保障的平等權。要求聯邦法院干涉。聯邦地方法院受理他的訴訟。

開庭時,法官問原告學生們,他們要求怎樣的解決方法。原告們沒有主張。於是法官裁決他們敗訴。法官認為,學校接受不同背景和能力的學生,提供他們校園、設備、老師和課業,讓他們有平等的機會學習,沒有歧視華人學生的意圖,所以沒有違憲。

學生們不服,上訴到聯邦最高法院。這一回合,九

位大法官們聽懂了他們的真意。1974年1月中旬,最高法院決定撤銷下級原判,判決學生們勝訴。判詞中說:「提供平等的設備而不給平等的機會,便是典型的歧視(a classic case of discrimination)。」大法官們指出,加州的法律規定公立學校必須以英語為主,把不會英語的學生放在課堂中,「對他們是無意義的經驗。」大法官們又寫道:「我們不必談憲法的平等權……僅看民權法案,便知道加州的學制違反了民權法案……。」

原來國會在1964年制訂的民權法案(Civil Rights Act),其中規定,凡接受聯邦政府撥款資助的地方政府,不准人種或國源(National Origin)歧視。法官認為,華人的家庭,都是納稅人,公立學校的運作靠州政府收取的稅金,所以公立學校不可歧視不熟悉英語的華人學生。

最高法院撤銷原判,將案件發回地方法院去想辦法。

B. 分析

「劉」案的影響很大,非法的歧視行為,不必證明有歧視的故意,這是判例。在任何訴訟中,「故意」是最難舉證的項目。

其次,本案判決的結果,加州政府不得不撥款,在各所公立學校設立雙語課程。因為是最高法院的判決,其他各州也陸續設立雙語課程,對於未來新移民的子女,有重要的影響。

第三章　健保立法

NFIB v. HHS (2012)

A. 案例 [31]

2010 年，美國國會通過法案，由總統簽署生效，稱為「保護病人和支付得起的健保法」（Patient Protection and Affordable Care Act），下稱「健保法」載法典 124 Stat. 119 (2010)。

長達 975 頁的「健保法」有兩項支柱，並且提供許多嶄新的福利。兩項支柱是：甲、老百姓都必須投保（除去非法移民和監獄中服刑的囚犯）；乙、凡是收入低於聯邦政府界定的貧窮線乘以 33% 的人，都納入政府的現行貧窮救助計劃中（Medicaid），不必投保。反過來看，極窮的人（約占人口 10%）無需出錢投保而將獲得政府支付的醫療照顧，而半窮的或不窮的人，每人都必須購買健康保險。

這項「必須投保」的法律規定，一般稱為「個人義務」

---

31 NFIB v. HHS, 567 U.S. 519 (2012).

（或「個人責任」，英文為 Individual Mandate）。

同時，新法律禁止保險公司拒收有生病前科的人投保，不准撤銷生重病的人已有的保險、不准對婦女的體檢加價、並且容納二十六歲以下的青少年，加入他們父母的保險，此外，每家保險公司的行政開銷（老闆的薪金等），不准超過營業額的 20%，否則便須退費。這些條文在 2012 年已開始實行。

實施之後，凡不肯購買健康保險的人，將受到處罰，由國稅局徵收相當於他年薪 2% 的罰金。投保便可以免除受罰。

其實「個人義務」是共和黨的主意。遠自 1988 年「傳統基金會」（右派智庫）已建議它，其後歷任共和黨總統和許多民意代表，都曾公開支持，認為它是「每個公民應該承擔的基本責任」。

不料「健保法」一頒布，共和黨人群起而攻之，大聲反對「個人義務」。二十六個由共和黨人領導的州政府，聯合告到聯邦法院，聲稱「個人義務」違反美國憲法。

法國哲學家亞歷山大・杜克維，十九世紀末期，在參觀美國的政治制度運作之後，曾感慨地說：「在美國，任何重大政治爭執，終將轉變成法律爭訟。」

憲法明文規定，聯邦政府「有權力規範各州之間⋯⋯的商務」，並且為達成任務，「得採取任何必要和正當的手段」（憲法第一條第八款）。

於是國會可以制定法律（有權力）管理州與州之間

的商務，而健康保險公司既然進行「州際」的業務，國會當然可以制定法律，規範這些公司的運作。但是國會有權力強迫老百姓購買商品嗎？興訟的二十六個州政府，認為「個人義務」形同強迫老百姓購買健保，超越了憲法所授與政府的權力。他們舉例：國會沒有權力強迫老百姓購買菜花。

聯邦政府的答辯，指出健保與買菜花不同，因為每一個人從出生到死亡，必定會使用醫藥和醫院的服務，那是不可避免的事。即令你不買健保，你必定終會向醫院求助，因此你便投入和使用在州際間運作的健保制度，乃是必然之事。不買保險雖是個人的內心決定，這決定卻影響了州際商務，因為當你不買健保而免費使用醫療服務，便強迫其他人、乃至全社會，分攤支付你的醫療消費。因此，國會有權力管理健康問題，並且有憲法明文為基礎。

二十六個州的訴訟，分頭進行。2011 年，在俄亥俄州辛辛那提城、在華盛頓特區和在維吉尼亞州的里奇蒙，三所聯邦高等法院一一判決這些州政府敗訴，也就是裁定「健保法」是合憲而有效的法律。唯有在亞特蘭大城的聯邦高等法院，判決二十六個州勝訴，裁決「健保法」違憲。輸家和贏家分別不服上訴到聯邦最高法院。

2012 年 6 月 28 日，最高法院宣判二十六個州政府敗訴，裁定「健保法」沒有違憲，是有效的法律（NFIB v. HHS, 567 U.S.〔2012〕）。

本文前面曾指出「健保法」有兩項支柱。其一是「個人義務」；其二是要求各州擴大貧窮救助（Medicaid）的範圍，以容納部分無法投保的人（年收入在貧窮線133%以下的人）。

最高法院在判詞中說，「個人義務」是合憲的，因為憲法明文規定政府「有權力界定和收繳稅金」（The power to lay and collect tax）（憲法第一條第八款第一節）。「健保法」規定凡不投保的人，應向國稅局繳交罰金。最高法院認為這「罰金」等於「稅金」，因此國會根據憲法的這一條，有權力對不買健保的人納稅，因此「個人義務」是合憲而有效的法律規定。

「個人義務」是「健保法」的支柱，因為保險公司需要這些新的顧客加入保險行列，以平衡和抵銷「健保法」要求它們的新措施所需的開銷——不准拒絕病人投保、不准撤銷病人已有的保險、不准對婦女的體檢加價、容納二十六歲以下青年加入父母的保險，以及不准圖利或亂抬價，等等對老百姓有利的規定。估計新加入的投保人，將帶給各保險公司共五千三百億美元（2014到2024）的新收入。

最高法院卻質疑「健保法」的第二項支柱，就是要求各州擴大貧窮救助計劃的範圍。其實自1965年實施至今的救助計劃，由聯邦政府和各州政府共同管理，由聯邦支付大部分開銷，各州則設定適格標準。「健保法」答應在頭五年負擔全部增加的費用，但如果州政府不聽

從指揮，聯邦政府可以撤回全部或局部經費。

最高法院認為這一項退款的威脅過於「脅迫」（Coercive），不符憲法尊重各州主權的精神（憲法第十修正案）。

B. 分析

在最高法院的支持之下，「健保法」已經是有效的法律。2012年中旬已有三十多萬青年，加入他們父母的保險，另有約一千二百萬有生病紀錄的人，已陸續恢復他們的健保。保險公司不得對婦女的體檢加價。2014以後，估計將有四千多萬人新受到健保的保護。

在健保法律沒有生效之前，美國有五千萬人沒有醫藥保險。他們得病時前往醫院急診室求治，醫院、醫師和藥品的花費，全國買單，約每年每家負擔兩千美金。美國人平均醫藥負擔，比歐洲國家，高大約多八倍。

最高法院「審核」國會的立法，支持了它的合憲。法院抵抗政治壓力，作出對社會有益的獨立判決。

如早年馬歇爾大法官在 Marbury 判詞所言，法院認可的立法，才是有效的法律。「法治」社會中「遊戲規則」，對立法政策的爭執，最終由法院裁判。判決頒下，眾人服從。如果不服氣，找機會循正當程序、尋求新理由重新評審。

第四章　科學證據

Maryland v. King (2012)

A. 案例 [32]

東岸馬利蘭的警察，拘捕到一名嫌犯，名叫阿蘭左·金（Alonzo King）（下稱被告）。罪名是惡意攻擊他人和搶劫。依馬州的法律，都是嚴重犯罪。在警察局中，偵探使用棉花球（Swab）伸入被告的口中，沾了他的唾液，保存為證據。

這時聯邦調查局已經建立了保存全國 DNA 的中心。DNA 的學名是「去氧核醣核酸」（Deoxyribonucleic acid），1984 年在英國被發現，1986 年以後，被英美和其他國家使用為偵查犯罪的重要媒介。每十萬人中可能有兩人的指紋相似，但每一億四千萬人中才可能找到兩個沒有血統關係而在染色體中載有兩對相同的 DNA。它是非常可靠的科學證據。

2010 年馬利蘭州立法，准許警察在拘捕有重罪嫌疑

---

[32] Maryland v. King 567 U.S. 301 (2012).

的人,從他們口中摘取唾液,保存為證據,並送往聯邦調查的 DNA 中心去查核和保存。

根據這項法律,警探摘取這位被告的唾液,並送到調查局。

聯邦調查局查核的結果,發現庫存中另有一套 DNA 樣本,來自 2006 年(三年以前)。那是一樁還沒有破案的強姦罪中所採集的證據。它是從被侵犯的女子體內摘取的、屬於強姦犯人的 DNA。

兩相核對,都是這位被告的 DNA。

於是數罪併發,一案破獲兩案,阿蘭左・金被起訴和判無期徒刑。

被告卻不服上訴。他的辯護律師主張,馬利蘭的那項授權警察從被告身體中摘取證據的法律,等於讓警察,未經法院許可和被告同意,對他進行「非法搜索」,違反了美國憲法,其結果,非法的證據應該在審判中「排斥」,而採納非法證據的審判,應該被推翻。

他上訴到馬利蘭州的最高法院。聽證之後州法院也使用「司法審核」的傳統,認為這項法律給警察太多方便,侵害了被告的私人權,州最高法院宣告馬利蘭的 DNA 收集法,是無效的法律。

州檢察官不服,上訴到聯邦最高法院。

2013 年,開庭聽證後,聯邦最高法院作出判決。

最高法院認為,將棉花球伸入被告的口中,的確是「搜索」,所以值得研究,它是否觸犯了美國憲法。然

而調查犯罪，追尋可靠的證據，是政府必要的工作。個人的私人權，和政府保護社會安全的任務，應該兩相權衡。DNA 是可靠的證據，而摘取 DNA 只輕微而膚淺地侵犯了被告的身體。好比指紋和照相一樣，摘取 DNA 應該是可以容忍的侵犯。

最高法院認為馬利蘭州准許警察摘取犯人唾液的法律，並沒有違反美國憲法。於是它推翻了馬州最高法院的判決，恢復法律的效力，維持原來地方法院的判決，確定被告阿蘭左・金的無期徒刑。

B. 分析

最高法院確認 DNA 作為判罪證據的可靠性與法律地位。

同時，本案顯示兩級法院的權威：馬利蘭州最高法院可判決州的立法是無效的；聯邦最高法院可推翻馬州最高法院的判決，而恢復馬州法律的效力。

所有上訴到聯邦最高法院的案件，參與的人有：檢察官團隊、當事人的代表律師、初審法官和陪審團、中級上訴法院聽證的法官（至少三位）、和九位最高法院的大法官。

他們對案情（Facts）和法律（Law）反覆辯論和認真思考，投票達到共識。終局判決是他們集體努力的結果。

第 5 輯　管轄移民

第一章　聯邦的權威

Chy Lung v. Freeman (1875)

A. 案例 [33]

　　1875年，一艘輪船（日本號）從中國出發橫渡太平洋，幾個月後抵達舊金山。幾百名乘客中，有二十二位中國婦女。乘客登岸時，加州的官員不准那些中國婦女入境，要求她們支付「保證金」（Bond），共五百元美金，不然就命令船長將她們帶回中國。但日籍船長拒絕替她們繳保證金。

　　原來在頭一年（1874），加州政府頒布一條法律，授權給碼頭官員，「對入境的污穢而骯髒的女子，得科處保證金，保證她們兩年之內不從事不道德的行業……」

　　而港口的官員，只挑選那二十二名中國婦女，指她們是「污穢」的女子，強制要求保證金，否則不准入境。

　　這個時候「排華法案」還沒有出籠，美國政府依Burlingame條約還准華人男子入境打工，但不希望華人

---

[33] Chy Lung v. United States, 92 U.S. 275 (1875).

婦女入口，其目的在斷絕華工的後代。

這二十二名婦女，被船長丟在碼頭，輪船離港，不顧而去。於是加州的警長，把她們押往獄中拘禁，等待下一班輪船將她們帶回中國。

婦女中有一位名叫 Chy Lung（法院檔案載中文姓名為龍財），相當有膽識。她聯絡在舊金山的朋友，代聘一位洋律師，替她向加州的法院申訴，主張州政府「非法」監禁她們。訴狀中指出美國憲法規定，「移民」是聯邦政府的主權，加州不應該介入，所以那條法律，是違反憲法的。

加州地方法院接到訴狀後，認為加州有權力管理公共衛生，這條法律針對「污穢」的外國女子，是有效的法律。於是婦女們上訴到加州最高法院，聽證之後，法院仍然認為法律沒有問題，但基於人道，命令地方官員暫時釋放這批婦女，讓她們在獄外等候遣送回國。

龍財女士（Chy Lung）還是不服，將案件提送上訴到華府的聯邦最高法院，主張加州違反了美國憲法。

次年六月，最高法院頒布它的判決，判詞指出，美國是一個主權國家（Sovereignty），不是二十多個主權小國（當時只有二十多州），而國境的管理和決定外來移民的去留，是主權的行使，所以州政府沒有權力規範移民和出入國境的事務。「移民牽涉到國際關係⋯⋯對移民不公平，可能引起外國政府對美國人報復。」何況美國憲法第一條第八款明文規定：「由國會制定移民歸

法治的故事 119

化的法律」,所以移民法規和處分,是聯邦政府的權力（Power）,各州不可介入。最高法院斷然地宣告加州法律無效。

明確地劃分中央政府和地方政府的權限。這是華人在美國最高法院,有史以來的第一宗訴訟,替華人爭權利而獲得勝利的判決。

B. 分析

「龍財」案是憲法的判例,許多後來的法院判決,都尊重和遵守這項前例。

2010年亞利桑那州（Arizona）又興起反移民風潮,州政府制定法律（SB. 1070）,讓警察拘捕、扣押和驅逐州內的非法移民。聯邦最高法院阻止地方政府這樣做,頒布命令廢除那一條法律。判詞中援引「龍財」案為有拘束力的前例。見 Arizona v. United States, 567 U.S. 100 (2012)。

都是最高院廢除州級法律,建立司法至上的實例。

第二章　公民的「出生權」

Look Ting Sing v. United States (1893)
United States v. Wong Kim Ark (1898)

A. 案例[34]

憲法第十四條修正案，第一段便規定：「凡出生在美國而接受其管轄的人，都是美國公民。」憲法條文的意義和執行，都需經過法院的解釋，才成為全國遵循的法律。

華人盧定新1870年出生於加州一座小城（Mendocino），父母早年到美國，參加太平洋鐵路的工程。當他九歲時隨父母回中國，父母便定居在家鄉。1884年，也就是他十五歲時，他隻身搭輪船到美國，於9月27日抵舊金山。

碼頭官員上船，檢驗旅客，發現他沒有身分證明（居留證 Certificate of Residence），不准他下船，命令船長

---

34 Look Ting Sing,149 U.S. 698 (1893)；United States v. Wong Kim Ark, 169 U.S. 649 (1898).

將他扣留在船上。美國沒有身分證這種制度,惟獨勒令華人持「居留證」。

盧定新有親友在碼頭上等候他,知情後便奔走幫助,替他向聯邦法院申請「人身保釋令」(Wirt of Habeas Corpus)。

接到申請後,法官傳他到法庭接受審問,了解他是在美國出生的華人孩子。這時外國人在美國出生的孩子,應該取得何種身分,法律還不清楚。雖然憲法中有文字,連聯邦法院也是首次遇到這種情形。

聯邦法官考慮 Look Ting Sing 的情形後,決定承認他是美國公民。但達到這個結論,必須解釋第十四修正案的意義。法官在判詞中,討論英國「普通法」的傳統,認為「出生權」是「屬地主義」(Jus Soli)——小孩出生地為憑,出生在美國,應該是美國公民。條文中的另一段文字——「……接受其管轄——意思是:承擔做公民的義務,享受其權利,就是接受法院的管轄。」

兩年以前(1882)國會已通過「排華法案」,多方排斥和歧視在境內的華人,並禁止華工入境。

法官決定,「排華法案」不適用於公民,所以「居留證」與他們無關。法官命令船長和碼頭官員立刻放人。見 In re Look Ting Sing, 21 F. 905 (1884)。

「盧定新」案是初級聯邦法院的判決,也是第一宗關於「公民籍」的聯邦判例。對於外國父母生產在美國孩子們的身分,它奠定了解釋的基礎。

處理盧定新的法院，是聯邦地方法院，它的判決，對盧定新和當時的海關官員有拘束力，但還沒有成為全國遵守的判例。它的邏輯卻有影響，並且因為它是先例，最高法院也會參考。

十四年後，聯邦最高法院作下進一步的判決。

華人王金德於1873年出生於舊金山，父母來自中國，都沒有美國公民身分。王金德於十七歲時，坐船回到廣東家鄉，居住六個月後再來美國。在加州登岸時，出示英文的出生紙，移民官員接受他是美國公民，讓他入口。王金德在舊金山一家餐館工作，四年後（1894）他再旅行到中國，重回美國時，移民官不承認他是公民，拒絕他入境，並將他監禁，準備遣送他回中國。

王金德的家人為關在拘留所的他，雇請律師向聯邦地方法院聲訴。聯邦地方法院裁決，他是美國公民，命令移民局釋放王金德。移民局不服，一路上訴到聯邦最高法院。

移民官員指出，王金德雖在美國出生，卻是「內心忠於大清國」，況且他的父母也是大清國子民，所以第十四修正案不適用於他的狀況。

1898年聯邦最高法院宣判：「王金德在出生時已取得美國公民身分，迄今尚未犯任何過錯喪失他的公民籍。」法院又說：「王金德的父母不是美國公民，不影響他從出生時已取得的公民權。」本案為 United States v. Wong Kim Ark, 169 U.S. 649 (1898)。

「王金德」案拘束全美國,對將來在美國出生,而父母是合法或非法移民的孩子們,貢獻是無限的。不論非裔、西裔或華裔,他們都受到這份判詞的保護。

王金德有四個兒子,其中三位(王郁賜、王沃修、王沃沾)出生於美國,都當然成為美國公民。他的長子王毓煥,出生在廣東,申請入籍時遭移民局駁回,因為當時滿清政府頒發的文件模糊,美國官員認為不足以證明他們的血親關係。

B. 分析

「盧定新」和「王金德」兩宗法院判決,解釋憲法條文,不僅幫助華裔移民的後代,也是「公民籍出生權」的重要判例。1939年瑞典女子瑪麗・愛爾格(Marie Elg)被移民官撤銷她的美國公民籍,因為她的父母在生育她之後,不到一歲便帶嬰兒回到原來的祖國瑞典(Perkins v. Elg, 307 U.S. 326〔1939〕);1967年美籍猶太人回到以色列定居,並且投票,後來遭移民局取消他的公民籍(Afroyim v. Rusk, 387 U.S. 253〔1967〕)。最高法院都命令恢復他們的公民籍,判詞皆援引「王金德」判例。

第三章　對待華人

Fong Yue Ting v. United States (1893)

A. 案例 [35]

　　1882 年的「排華法案」，有效期為十年。當期滿時，國會制訂一套新的法律，將它的效力，無限制地延長。那就是 1892 年通過的「基理法案」（Geary Act）。基理法案變本加厲地，規定已經合法入境、留在美國的華人，必須向居住的稅務局申請居留證（Certificate of Residence）。沒有持有居留證的人，隨時會被拘捕並且驅逐出境。暫時離開美國，再入境時必須出示居留證，否則不准入境。

　　美國沒有「身分證」制度，是自由社會，唯獨華人需申請和攜帶居留證。

　　這項新規定，替華人增添許多問題，讓地方官員找他們麻煩（例如不批准他們的申請），以及被碼頭官員找藉口阻礙華人入境（例如指他證件不符）。

---

35 Fong Yue Ting, 149 U.S. 698 (1893).

歷史人物容閎當時在美國，擔任滿清政府駐美外交官。隨著「基理法案」的頒行，容閎便四處奔走，與華僑社團和地方代表聯絡。容閎建議三個途徑：第一，向聯邦法院申訴，希望法院判基理法案無效；第二，各城市的華僑社團，向美國官員和民意代表遊說，施加壓力；第三，培養華人中的人才，期望進入美國主流政治，增加華人的影響力。

　　這時在紐約發生一宗案件，容閎和張宏炎律師覺得是打官司的理想試金石。

　　張宏炎是滿清派到美國留學的「小留學生」之一，滿清政府令他回中國，他抗命不從，在美國攻讀法學院，取得律師資格。[36]

　　新制訂的「基理法案」在 1892 年 5 月 6 日生效。在紐約市當天便有三位華人被拘捕。一位名叫丁方越，第二位名叫王光，第三位名叫李卓。丁方越和王光幾年前從加拿大入境，一直在紐約城內打工。移民官抽查中國城商店時，要他們出示「居留證」。兩人都回答自己是合法居民，不需要登記領取居留證。第三位名叫李卓的

---

36 張宏炎後來離開紐約，到舊金山執律師業，沒有看到他承辦重要的訴訟。容閎曾往華府的最高法院旁聽，當時有幾位大法官的發問，似乎同情三人華人，但不能預知投票結果。不幸在九位大法官中，只有三票支持丁方越的申論。宣判後，容閎不久再回中國。光緒皇帝變法失敗後，容閎急忙回到美國，晚年與兩位兒子同住。他表示，自己雖然早已是美國公民，但內心深覺自己不過是另一位不受美國人歡迎的移民。容閎生前沒有看到排華法律被廢除（1943 年）。他於 1912 年逝世，享年八十四歲。

情形不同。他曾自動前往地方的稅務機關去申請居留證，官員要他安排兩位證人前來證明他是合法居民，他便邀請兩位華人朋友前來作證。可是稅務官不接受他們，要李卓找美國人替他作證。李卓拒絕，便被當場拘捕。

稅務官將這三人拘捕後，交給移民官員準備驅逐他們出境。

容閎、張宏炎和華僑社團雇請的律師團，立刻出面協助丁方越等三人。他們向聯邦法院申請「人身保釋令」，主張基理法案違反憲法，要求法院廢除新法，並釋放他們。

聯邦地方法院當天便開庭審問他們，然而駁回他們的申請。三位被告立刻上訴。最高法院接受上訴後，很快就開庭聽取兩方的辯論。

政府的立場很清楚：國會有全權制訂法律，規範外國人出入境，和管理他們在境內的活動。最高法院既已一再支持正要失效的「排華法案」，當然應該認定代替的「基理法案」也是合憲的。

丁方越方面的理論，比較新奇。稅務官故意刁難李卓，不讓他領取居留證，使他「不可能」出示居留證。政府官吏的行為，違反憲法規定的「正當程序」。

至於丁方越和王光，基理法案強迫他們登記，沒有居留證便趕他們出境，或禁止其他華人回到美國，乃是不經「正當程序」，而剝奪了他們的「自由和財產」，違反憲法第五修正案和第十四修正案。

法治的故事

他們提出另外一項有趣的理由。許多華人在美國居留多年，雖不是公民，也算是半個公民。在外國人（aliens）和公民（citizen）之間，他們是「半公民」（alienizens）。基理法案對他們不公平，專門針對華人，而不要求一般人持有居留證，違反了他們的平等權。

開庭聽證後不久，最高法院作了決定。九位大法官以 6：3 的投票結果，決定丁方越等三人敗訴。理由是：國會有權力禁止外國人入境，如同驅逐他們出境；這權力是「絕對」（absolute）和「無可限制的」（unqualified）。既然國會有權管理境內的華人，當然可以設定程序，要求他們登記和持有居留證。

對於「正當程序」、「公平審判」等辯論，最高法院回答：「驅逐出境不是刑罰，決定驅逐的程序不是刑事審判。居留證的規定，無非是這些外國人繼續居留在美國，以及再入境的條件。他們有自由不必住在美國；既然選擇在美國居留，便須遵守居留的條件。」

投反對票的三位大法官，不同意判詞。他們寫道：「今天的判決，是憲法史上的污點。本法院眼睜睜看到國會制定一套不合憲法精神的法律，因為憲法明文規定，人民有權接受法院的審判，政府負責證明人民有犯法的行為。如果沒有經過法院審判，警察不可無限制的拘留百姓。『排華法案』以及『Geary Act』的執行，違反了所有的憲法保障。」

十九世紀末期的幾件法院判決，包括「丁方越」案在

內,逐漸而斷然地幻滅了華人克服「排華」法律的希望。

丁方越、王光和李卓被驅逐出境,沒有再嘗試前往美國。

B. 分析

最高法院始終沒有判定「排華」法律是違憲的。1943年10月,羅斯福總統咨請國會通過法案(Manguso Act),向中國和華人道歉。羅斯福也發表談話認錯,但排華法律有關的先例,仍然存在於歷史紀錄中。

2018年美國司法部竟然援引這種判例,辯解政府歧視中東人和西裔移民的措施。

支持「排華」法律的一系列法院判決,是美國法制史上的污點。

第四章　In re Tsien（錢學森案）

A. 案例

1934 年，錢學森考中「庚子賠款」所設的獎學金，前往美國留學。他先進入東岸的麻省理工學院（MIT），一年以後轉學到洛杉磯附近的加州理工學院（Caltech），他是博士班研究生。

錢學森是杭州人，出生書香世家，資質聰慧，溫文爾雅。在理工學院很快獲得博士學位，甚受教授們的欣賞。畢業後他留在理工學院，先做助教，順利升為教授。

理工學院的同事們有時邀他參加課餘的聚會，他沉默寡言，不擅發表意見。有朋友回憶，當客人們高談闊論時，錢學森在旁聆聽，有時獨自試吹一支長笛，自我消遣。

1930 年到 1945 年大戰結束，國際間風起雲湧。年輕的學者，對時局各有反應和看法。有幾位教授，批評資本主義的缺點；另有人對共產主義表示好奇。錢學森則關心中國人民在日本侵略下的苦難。

工作方面，錢學森對噴氣推動的設計，有非常深入

的研究，有高明的見解。他曾作專題研究，題為「噴氣推進計劃」（Jer Propulsion Project），後來加州理工學院，將實驗室命名為 Jer Propulsion Laboratory（簡稱 JPL），它是今天美國最著名的國家實驗室之一。

1945 年德國戰敗結束歐戰，美國政府派遣專業人員到德國去接收，曾任命錢學森為陸軍上校，授與他綠卡（永久居留），給他安全許可，派他隨團前往德國觀察。在德國他曾詰問剩餘的科學家，其中一位年輕人名叫馮布朗（Von Braun），是傑出的導彈設計工程師。錢學森賞識馮布朗的才幹，向軍方推薦，帶馮布朗到美國。

後來馮布朗成為美國的導彈之父。

1947 年錢學森曾回中國，探望他的父親和家人。再回美國時，入境沒有困難。

1949 年他決定長住美國，向移民局申請入籍美國，希望成為公民。申請書上有許多問題，他從實回答，其中一個問題：「你曾否參加共產黨」，錢學森在「是」和「否」之間，選擇回答：「否」，並在申請書的最後一頁底端簽名，承擔從實填表的責任，然後送出申請書。

國際局勢發生重大變化，蘇聯發展原子彈，而中國共產黨解放成功，1949 年 10 月 1 日在北京正式成立中華人民共和國政府。

美國的「紅色恐怖」更為加劇。參議院和眾議院各組成「非美活動委員會」（Un-American Activities Committees），參議院委員會的主席是麥加錫（McCarthy），眾院委員會

的積極委員是尼克森。他們大舉調查和清算「反政府分子」和「共產黨員」。聯邦調查局跟蹤捕捉。

指揮製造原子彈的奧本海默博士、名導演伊力卡山、諧星卓別林，和國務院高官西傑布斯，都遭到清算。

錢學森的老同事，有幾位也發生問題，其中一位名叫悉尼萬保（Sidney Weinbaum）被聯邦調查局指為美國共產黨的黨員，而且是一個小組的組長。據稱他在加州理工學院吸收新會員。另有幾位嫌疑人，如查爾斯奧本海默（Charles Oppenheimer），是原子彈專家的兄弟，也與理工學院的教授和研究生常有來往。

錢學森曾經參加過他們主辦的聚會；那是十多年前的事。

萬保後來被起訴，並被判刑（偽證罪，因為他否認自己是共產黨員，而政府證明他是黨員）。調查員搜索到一些名單，有一份（1938年）載有錢學森的名字。

移民局約談錢學森，表面上是審閱公民申請書的例行談話。移民官問他，曾否參加美國共產黨。錢學森說沒有。問他認不認識萬保等人，錢學森回答：「曾經認識，現在沒有來往。」移民局表示，會作決定請他等待。

不久錢接到通知，駁回他的申請，不讓他入美國籍。

1950年6月6日，FBI幹員到理工學院來訪談錢教授，盤問他和萬保等人的關係，暗示他也是共產黨員。

兩星期後，錢學森向校方請辭，表示改變主意要回中國。美國政府隨即取消他的安全許可，不准再接觸機

密資訊。

6月23日,北韓軍隊攻打南韓,一路逼到朝鮮半島南端的釜山。聯合國授權,美國領導盟軍,從仁川登陸反攻,抵達鴨綠江南岸。冬天,中國的志願軍參戰,與美軍直接衝突。韓戰一直打到1953年才和談停戰,南北韓以三十八度線為界,對峙至今。

韓戰期間,在美國的華人,變成間諜嫌疑人。美國駐香港的領事莊萊德曾向國務院提書面報告,指所有的中國人都可能是間諜。

錢學森準備回中國,買好船票,將打包的行李,交給旅行社,託運到上海。行李中裝有他的書籍、文件、雜誌和手稿,大部份是他在學校的辦公室中收藏的資料。

旅行社竟然密報海關,讓海關檢查這些行李。海關的官員懷疑其中有機密文件。錢學森不知道他的私人物件已被政府檢視。

8月25日,移民法院簽發拘捕令,由移民官將錢學森抓到拘留所中關閉,一關就是兩星期。

政府根據什麼法律拘捕錢學森?為什麼由移民法院出面?錢能不能立刻挑戰拘捕他的行為,向聯邦地方法院申請「人身保釋令」(Writ of Habeas Corpus),要求聯邦法院提審他?

這些步驟,他和他的律師沒有去設法。

移民法院並不是正統的司法機關;它是行政系統中的一個單位。它沒有「司法獨立」的地位。

回顧歷史，十九世紀有五十年之久，華人移民曾履次尋求而獲得聯邦法院的干涉和保護。但聯邦法院處理新移民的聲訴，到 1905 年為止。最高法院在 Ju Toy 案和相關判例中，宣告聯邦法院不再介入移民的問題，而讓行政機關全權管理。行政系統便設立移民法院，專門處理移民問題。

所以錢學森沒有辦法要求真正的法院——聯邦地方法院——公平地裁判他的命運。

移民法院欠缺聯邦法院的公正，移民法官可以採納「傳聞證據」（Hear-say，即道聽途說）。不深究真相，沒有陪審團，並且不分配舉證責任、不推定受審的移民無辜，而要求他們證明自己未犯法。移民法院的聽證，是一面倒的程序。

至於海關祕密檢查錢學森的行李，是根據什麼法律呢？第一次世界大戰期間，美國採用「間諜法」（Espionage Act of 1917, 40 Stat. 553），容許政府處罰「從事間諜」和「防害軍事行動」的行為；第二次大戰期間，美國採行「出口防制法」（Export Control Act of 1940, 63 Stat. 7），禁止任何人輸出「機密」或「國防機制」的資訊、物品或器材。FBI 執行「間諜法」，海關執行「出口防制法」，所以海關可以攔截和檢查錢學森打算輸出的行李。

兩星期後，官方釋放錢學森，但通知他留在洛杉磯，因為移民法庭正在管轄他，隨傳隨到。

1950 年 11 月 15 日上午十時，洛杉磯移民局內

的行政法院開庭，被告是錢學森，主題是驅逐出境（Deportation）。政府派遣三位證人出席，兩位是退休警員，另一位是現職調查員。退休警員敘述二十多年前他們曾調查美國共產黨的組織和活動，發現在加州理工學院潛伏一些黨員，其中有錢學森。另一位說，他在萬保的大衣口袋中曾搜出一份名單，上面有錢的姓名。那些都是 1935-38 的舊事。第三位證人，現職移民官作證，說錢在公民申請書上作不實的回答。

如果在聯邦法院聽證，這些都是法官不會接受的「證據」；它是無效的證詞，不可靠的回憶，和沒有事實根據的陳述。

移民法院的法官問錢學森是否忠於美國，錢回答：在戰時曾替政府立功。法官問，美國和中國交戰時，你會忠於何國？錢回答：如果戰爭對中國人民有利，我支持美國；我忠於中國老百姓。

聽證結束時，法官沒有宣告判決，只告誡錢學森留在洛城等候通知。1950 年到 1954 年，錢學森在洛城居住，生活於不定狀態中，還靜下心來著作了一本流體和固體力學的書。

1955 年 9 月 17 日，移民官執行命令，將錢學森和家人送上遠洋輪船，驅逐他出境。距 1934 年青年學生到美國留學，前後約二十一年。

本案是 In re Tsien, INS No. U-15-50, 691。

美國司法部的檢察官始終沒有起訴錢學森。細讀歷

史記錄，聯邦檢察官沒有充分證據去起訴他。當年他的行李所載的資訊，沒有被國防部指定是國家機密，所以「出口防制法」用不上。政府也沒有足夠的證據指他真是美國共產黨員，便不能栽他「偽證」的罪名。政府不是不想起訴他，而是做不到。

錢學森後來被譽為中國的導彈之父。

B. 分析

美國憲法第三條設立的聯邦法院不包括移民法院。移民法院是政府各部會內部的小型法庭，移民法官沒有聯邦法官的資歷，移民局檢察官不隸屬聯邦檢察官系統，移民律師沒有法庭律師的素養。所以移民法院的裁定，時常不符正義的標準。錢學森案便是例證。

戰時美國政府曾有偏激的行為：第二次世界大戰時曾將 10 萬名有公民身分的日本人遷移和拘禁；韓戰期間駐香港總領事莊來德（Drumright）宣稱所有的華人都是中共的間諜。錢學森便處身於戰亂的氣氛之下受到不明不白的處分。多年之後美國政府成對當年的日裔美人道歉，但對錢學森始終沒有交待。

移民法院系統是美國法治的缺點。然而，總統命令驅逐非法移民，其命令被聯邦法院駁回，法院駁斥白宮，指出白宮錯引法律，這是法治的表現。（J.G.G. v. TRUMP (1:25-cv-00766)）。

第五章　廢除州級移民法案

Arizona v. United States (2012)

A. 案例 [37]

在聯邦法律的權威之下（Chinese Exclusion Act, 1882-1943），美國政府掃蕩和驅逐華人，達六十一年之久。二次大戰之後，美國政府走入國際化，國會沒有再立法，選擇性地掃除某些少數族裔的移民。

七十年之後，輪到西班牙語族裔，成為掃蕩的對象。這回從地方政府開始。

2010年初，一批激烈的種族主義者，打著改善經濟的旗號，經過選舉，進入許多州裡面的州議會。2010年春天，出現了對付少數族裔的地方法規。

4月23日，西南部的亞利桑納州通過一道法律，由州長簽署生效。其中規定，地方警察可以依賴「合理的懷疑」，拘捕非法移民。此外，法律禁止任何人雇用「非法移民」，並且界定，沒有書面證明合法居留身分的人，

---
37 Arizona v. United States, 567 U.S. 387 (2012).

他們在境內的存在就是犯罪；沒有合法身分便是犯罪，他們求職也是犯罪行為。最後，地方警察可以拘捕非法移民，而不必提出拘捕狀或揭舉可能犯罪的證據。這宗法律題為 SB1070。

隨著亞利桑納州，另外有十五州也先後制定相似的法律。

鳳凰城的警察局長大批捕捉西裔人士，自稱是「美國最厲害的警長」。

這種地方法律，其目的雖是對付西裔，但也無限制地波及不是白種人的其他族裔；同時，它授權地方執法人員，從外表來分辨合法與非法移民。更進一步，從來美國公民沒有必要隨身攜帶身分證明，而這種法律卻規定，如果無法當場出示書面證明自己的合法身分，警察便可拘捕這位良民，當作「非法移民」處置。

在首府鳳凰城中，一時風聲鶴唳，面孔不是歐裔白人的任何人，華人在內，隨時有遭警察攔阻查問的危險。

7月6日，受民眾壓力，聯邦政府的司法部，出面向聯邦地方法院遞狀控告亞利桑納州，理由是州政府的法律，僭越了聯邦政府的法權，因為移民政策和法律，專屬於聯邦政府管轄。

憲法第六條第二款規定，「美國法律（指聯邦法律）是本國的最高法律（稱為 Supremacy Clause），各州的法官一概受其拘束。」也就是，凡與聯邦法律牴觸的地方法律，各級法院不得執行。

7月28日，聯邦地方法院裁決，禁止亞利桑納州執行第 SB1070 號法規。州政府不服上訴，主張州政府有權利規劃人民和雇主之間的關係，即「警察權」。開庭審判後，聯邦第九巡迴區高等法院不接受亞利桑納州的聲辯，裁決維持地方法院的原判，禁止執行 SB1070。州政府不服，便再上訴到聯邦最高法院。

　　2012年6月15日，經過開庭激辯後，最高法院宣判亞利桑納州敗訴，並且列舉 SB1070 中的各條，逐一宣判它們違反「聯邦法律為最高法律」（Supremacy Clause: Federal law is "supreme law of the land."）的憲法明文，明白指出 SB1070 僭越了聯邦政府處理移民問題的權力。

　　亞利桑納州和其他採用相同法律的那些州政府，不能越俎代庖替代聯邦移民局去任意干涉境內的少數族裔。具體地說，不准要求老百姓隨身攜帶身分證明；不准界定他們的境內存在便是犯罪；不准界定沒有合法身分便是犯罪，或者他們求職也是犯罪、或者雇用他們也是犯罪。那都是應該依據聯邦移民法規來處理的情事。

　　最高法院在判詞中，容許 SB1070 有效的唯一條款，是地方警察如果已經有正當理由拘捕犯罪嫌疑人（譬如酒醉駕車），在拘捕之後，可以暫時留置犯人，以查詢他的移民身分。如果不是合法居留者，應該轉送給聯邦政府移民局接辦處理。

B. 分析

　　回想早年最高法院（1896）的一段警語：地方警察在執行法律時，不可通過「邪惡的眼睛和不公平的手段去對付特定少數族裔。」州政府的立法，不可如此（Yick Wo）。

　　法治之下，不容地方官和警察無法無天的迫害移民。

　　在判詞中，法院援引 Chy Lung 案和 Yick Wo 兩案，尊重這些前例。前後跨越一百多年。

第 6 輯　法庭的尊嚴

# 第一章　公平審判

Sheppard v. Maxwell (1968)

A. 案例 [38]

1954年7月4日,俄亥俄州海灣村（Bay Village）發生凶殺案。名醫山姆・謝巴德（Samuel Sheppard）的妻子,在湖濱豪宅的臥室裡被人砍死於床上。她的丈夫謝巴德醫師告訴警察,有一個獨臂蓬髮的男子侵入家中,殺死他的妻子後,曾和他博鬥,之後打昏他,在黑夜中逃逸。

警探們接到謝巴德的求救電話,連忙趕到宅邸。謝巴德醫師告訴他們,晚餐後他在樓下餐廳的長沙發上睡覺,忽然驚醒,發現屋內有一個黑影。黑影朝他攻擊,他便與黑影搏鬥,兩人一路打到湖邊。黑影將醫師打落到水中,然後逃逸。謝巴德醫師供稱:「黑影是一個左手獨臂,頭髮蓬亂的男子。」

謝巴德醫師的手臂、頭額和後頸皆留有傷痕。警察

---

38 Sheppard v. Maxwell, 384 U.S. 333 (1966).

看到醫師的衣服上有水漬和血跡，左手腕上的手錶也沾有血液。醫師解釋，自己回屋後上樓，才發現妻子死在床上，他曾俯身試圖挽救，所以衣服和手錶才沾上妻子的血液。

醫師的妻子名叫瑪雲琳（Marilyn），頭部右邊有數處傷口，頭臉腫脹，不成人形。枕頭被血染紅，床旁的衣櫃門上，濺了數滴血液。房屋並沒有外人入侵的痕跡，財產大致沒有遺失。不像是搶劫犯罪。

警探立刻懷疑，謝巴德醫師自己就是兇手。既然目標是醫師，他們便沒有仔細搜尋第三者的指紋或血漬。

天亮以後，媒體記者聞訊趕來探訪，擠滿鄰里。一時流言四起，眾說紛紜。

謝巴德醫師的村落在克里夫蘭城（Cleveland）的外郊。克里夫蘭是俄亥俄州最大的城市。當警察繼續他們的調查工作，克里夫蘭的第一大報《克里夫蘭新聞》每日以大篇幅報導。內容充滿猜疑、想像、謠言和主觀意見。7月8日，報紙的社論指控謝巴德不願配合警方，第二天批評警察工作不力，到7月10日，報紙更公然主張醫師就是殺妻犯，並且呼籲法醫趕快公布驗屍報告。

警察開始偵查謝巴德醫師的動機。不久他們發現醫師有婚外情，便要求醫師自白，醫師仍然堅持原來的故事——獨臂人攻擊他並刺殺他妻子。醫師否認有婚外情，媒體又花大篇幅報導譏笑他說謊。

8月16日，檢察官起訴謝巴德謀殺妻子瑪雲琳。

1954 年 10 月 18 日，法院開始審判程序。這時全國媒體，連電視新聞和「名嘴」也加入播送醫師殺妻的可能。主審法官是位七十多歲的老法官，他對廣播記者說：「這傢伙絕對有罪，這案子沒有審判的必要。」老法官完全不在乎陪審員是否有偏見，不把他們與外界隔離，也沒有禁止他們看報紙與電視。報紙甚至公布他們的姓名和住址。他們接到許多來信，鼓勵他們判被告死刑。

　　開庭的時候，法庭中擠滿觀眾，記者離陪審團的席位只有幾呎遠，法庭內人聲喧譁，證人講話時，旁觀者紛紛起鬨。主審法官亦完全不在乎外界對陪審團的影響。

　　「記者席被安排在法庭前方，靠近陪審團，在陪審團席位附近，設置電視、廣播站⋯⋯記者自由出入法庭，引起混亂⋯⋯記者們可聽到被告與律師

的交談⋯⋯陪審員可以看新聞和打電話⋯⋯主審法官沒有設法控制法庭的秩序⋯⋯」

　　檢察官的論點，是謝巴德和妻子因為他的婚外情而起口角，謝巴德便殺死妻子瑪雲琳，以便與情人結婚。

　　辯護律師的策略則著重證明謝巴德身上的傷口不可能是自己製造的。若是如此，即能證明他的故事是真實的，因為第三者攻擊他和妻子。但辯護律師卻忽略了犯罪現場的科學證據。

　　檢察官的關鍵證人是驗屍的法醫。在法庭證人席中，法醫描述犯罪現場，死者是被利器而非鈍器刺傷頭部致死。他強調，傷口顯示，兇手使用「外科器具」（Surgical instrument）刺死瑪雲琳。法醫主張，臥室內衣櫃門上沾的幾滴血，大部分是死者被攻擊時噴濺在門上的血液，「但其中至少有一滴是被告的血。」

檢察官傳喚一位血液專家出庭作證，指出謝巴德左手腕戴的手錶和錶帶上沾有死者的血液，從形狀看，應該是噴濺上去的血，這表示被告是在擊打他妻子時，沾上了從她傷口噴出的血。

檢察官傳喚謝巴德的情婦出席作證。她也承認與謝巴德醫師有染。

法醫的一位助理作證，謝巴德的血型是「A」，瑪雲琳是「O」，而謝巴德衣褲上的血跡都是 O 型。

輪到辯護律師時，他安排兩位專家在庭上指出，謝巴德身上的傷痕不可能是他自己造成的，尤其是頸後的瘀腫，顯然是遭第三者擊打的結果。

辯護律師讓謝巴德醫師上台，為自己作證。

被告在證人席中，自告奮勇解釋那天出事的情景，包括和「獨臂人」搏鬥，被打到湖水中，醒來後回屋發現妻子被殺等等。

在證人席中敘述的被告顯得冷漠無情，他的證詞欠缺說服力。檢察官反詰問他，一再強調他的婚外情，以及他與妻子不和的事實。檢察官這樣逼問：

「事實上你殺死了你妻子，不是嗎？」

被告回答：「不是的，先生。」

問：「殺死妻子後，你跑出房屋，跑到湖邊，在台

階上反覆撞擊，製造身上的傷痕，對嗎？」

答：「絕對不正確，而且對我非常不公平。」

作結論時，檢察官對陪審團提出一系列問題，請他們考慮：「獨臂人一拳就將他打昏了嗎？被告何以不記得許多細節？家裡為什麼沒有搏鬥的破壞痕跡？」

從陪審員們的表情可以看出，他們似乎都被說服了。

辯護律師仍然強調檢察官欠缺直接證據。「調查了半年，審判了幾星期，他們到底證明了什麼？」他問。

陪審團閉關討論五天，判被告山姆‧謝巴德有罪。

法官隨後判他無期徒刑。

謝巴德被關進重刑犯監獄。

一個月後，他的母親自殺身亡。不久，他的父親胃潰瘍病死。三個月之後，瑪雲琳的父親也自殺而死。

謝巴德向俄亥俄州上級法院上訴，全部失敗。

《克里夫蘭新聞》的主編更發表文章，自稱對破案有重要貢獻。

幾年過去，原先的辯護律師病死之後，謝巴德在獄中聯絡到一位新出道的年輕律師，名叫李‧貝利（F.Lee Bailey）。貝利答應盡力幫他上訴到聯邦最高法院。

想上訴到最高法院，必須提出理由，說明地方的審判違反了聯邦憲法。否則最高法院接受上訴的機會不大。

貝利律師卻找到了理由。他主張當年在俄亥俄地方法院的審判，好像馬戲團一般，違反了謝巴德的憲法權利。憲法保障人民有權要求法院遵循「正當程序」（Due

Process），給他們「公平審判」（Fair Trial）。貝利律師主張，被告謝巴德在俄亥俄的法庭中，沒有得到「公平審判」。

1965年，俄亥俄州的總檢察長親自出馬，代表州政府到首都華府出庭最高法院，替他們的地方法院辯解。貝利律師則代表正在服刑的謝巴德醫師出庭。

最高法院的九位大法官現在面對的，不僅是謝巴德的命運，同時也是重要的憲法問題：新聞和言論自由（第一修正案）；另一方面，憲法中明文保障人民被追訴時，他們期待「正當程序」的權利（第五修正案和第十四修正案）。當兩項基本權利相互衝突時，孰輕孰重？

1966年2月18日，最高法院宣布判決。詳細描述當年俄亥俄州地方法院開庭的過程，最高法院決定，被告謝巴德沒有獲得公平的審判：「地方法院容忍『偏袒的公共報導（Prejudicial Publicity）』，侵害了被告的憲法權利。」最高法院以八票對一票的決定，撤銷原判，命令重審。

「言論自由應該獲得廣泛的尊重，但必須符合有秩序和公平地執行司法；

儘管如此，自由言論不應該誤導法院審判，審判的目的無非是依照法律程序、基於在法庭公開接受的證據、公平地解決爭訟。」

「用大幅的偏袒報導……」最高法院繼續說：「令被告不能獲得公平的審判。」、「主審法官應該規範新聞

記者在法庭中的活動——法官應該將陪審員們隔離，禁止律師、證人、警察、政府職員，對外界釋放謠言或偏袒的訊息。」、「當時在法庭發生的一切情況，皆妨害了被告獲得公平無偏的審判。」

1966年10月24日，俄亥俄州地方法院開始重審謝巴德醫師的殺妻案。這一次由一位年輕的法官奉命主審。他主持選擇十二位毫不知情的男女擔任陪審員，並讓陪審員們待在旅館，完全與外界隔離；他也不准新聞記者在法庭中拍照或活動，並警告媒體，在審判進行中，除非由法官許可，不准報導；這位年輕法官嚴格地控制法庭的秩序，讓審判在莊嚴的氣氛中安靜地進行。

檢察官的策略與十二年前一樣，先請當年的法醫在證人席中描述瑪雲琳的傷勢，指證被告是殺人犯。

談到傷口，辯護律師這樣反詰問法醫：

問：「當年你作證，殺人凶器是一把『外科手術器具』？」
法醫答：「是的。」
問：「找到那把器具了嗎？」
答：「我在全國各地到處尋找，始終沒有找到凶器。」
問：「當年的案情是你隨便猜測的，是吧？」
答：「絕對沒有。」
問：「死者的傷口，大部分在她頭臉的右側？」
答：「是的。」
問：「死者被人以凶器擊打她的右臉和右額？」

答:「應該是,大部分傷口都在右邊。」
問:「你知道被告慣用右手還是左手?」
答:「並不重要。」
問:「是嗎?被告慣用他的右手,知道嗎?」
答:「……」

　　法醫作證完畢,檢察官安排血液專家作證。專家表示,被告左腕手錶上的血跡,應該是被告動手殺妻時,被妻手的血液,噴濺沾上。

　　辯護律師反詰問這位專家:

問:「死者的血液從她傷口中噴出,濺到被告的手錶上面?」
專家答:「當然,我剛才解釋過。」
問:「那血液應該不會噴到手錶後方或錶帶裡層,因為被告的手腕與手錶背面及錶帶裡層緊貼在一起,是嗎?」
答:「以前我沒有注意到這點。」
問:「這些血液斑點,是被告俯身挽救他妻子,用手觸摸她的咽喉,血液浸到他手腕時所留下的,你有不同的解釋嗎?」
答:「……沒有。」

　　辯護律師使出最後一招:請另一位血液專家作證。

這位專家指出，臥室衣櫃門上的幾滴血，大部分是死者瑪雲琳被毆打時噴出，但根據血型鑑識，其中一滴既不是死者的血，也不是謝巴德的血。那一滴血，顯然屬於第三者。

十二年間，血液科學進步了很多，專家們能驗出不同的血液間細微的差異。

這一回被告謝巴德聰明地選擇，不再上台替自己辯護。

11月16日，陪審團宣判被告謝巴德醫師無罪。法官將他釋放，還他自由。

謝巴德出獄後，重新開業，但技術已經退化。兩位病人被他開刀後死亡。長期酗酒的結果使他雙手顫抖，不能再替病人動手術。謝巴德醫師的生命，從此失去了目標。

1970年4月6日，謝巴德猝死在自家廚房中，享年四十歲。死時臉上含笑。

B. 分析

從1968年以來，各級法院在開庭時限制媒體的活動和報導。陪審團一概與公眾隔離，法官嚴厲控制法庭內的秩序。

過去幾十年，新聞媒體避免干擾法院的運作，對犯罪調查和起訴，也據實報導，尊重法院獨立和公正。

政客們也檢點，對進行中的法院案件，避免表示意見。連總統在內，白宮的傳統是尊重法院的審訊和判決，尤其避免影響陪審團。

　　這個傳統，到2020年瀕臨被破壞的邊緣。當政客企圖影響、甚至干涉法院的獨立和中立，法官們反而會更竭力保護陪審團，讓他們在安全的氣氛，對事實問題作公平的評斷。

　　當川普公開罵法官時，最高法院的院長羅伯茲（Chief Justice Roberts）曾回答：「法官中沒有共和黨或民主黨的黨派法官；法官都是公平的法官。」

　　2016至2020年，川普的行政命令，一再被法院駁斥。

第二章　保護陪審團

United States v. Stone (2019)

A. 案例[39]

  2017-19 年美國政府的特別檢察官調查俄國干涉美國 2016 年的總統大選，俄國協助川普當選總統。在調查過程起訴數名川普的助手。其中一位名叫羅傑・史東（Roger Stone）。

  史東是川普的老友。2016 年史東曾替川普「穿線」，與俄國情報人員聯絡。檢察官調查史東時發現他扯謊，替川普「掩蓋」、並且威脅其他證人，阻礙他們說真話，阻止他們與檢察官合作。

  於是檢察官在 2018 年起訴史東八項罪名。案件由華府聯邦地方法院定期審判。

  2019 年 1 月 24，法院組織陪審團，開庭審判被告史東。陪審團共十二名，外加兩名候補。主審法官名叫愛

---

[39] United States v. Stone, 1:19-Cr-Oct. 18 (2019)。2020 年 7 月 13，川普不顧輿情下令赦免史的徒刑。史東對媒體說：「因為我未揭發他。」（I did not turn on him.）

米・傑克遜（Amy B. Jackson）。

因為這起案件廣受注意，新聞媒體深入播報，法官特別保護陪審員們，怕他們受到不正當的影響，並且著意保護他們的安全，防避川普總統的支持者威脅或攻擊陪審員。

法官安排他們祕密地住在不知名的旅館中，由法警嚴加保護。他們不與外界接觸、不看電視新聞和報紙。陪審員的出入，有專車接送，並且汽車的窗口也被封閉，外人無法看到陪審員們的面孔。在旅館中，使用專用電梯。進出法院都用祕密通道。

百般保護陪審團，使他們安全而得以公平地評斷案件的事實和證據。

開庭時新聞媒體不准轉播或拍照。

選擇陪審員（兩百人選十四人）時，法官叫他們宣誓「公平考慮證據、以事實為憑⋯⋯」檢察官和被告的律師各有機會詰問每一位候選人，並有權要求剔除不妥當的候選人。

史東案的過程非常嚴密。目的就是公正。

2019 年 1 月，經過八天的公開審判，陪審團退庭祕密討論，八小時後，得到一致同意。在法庭中宣布，被告對八項罪名，全部有罪。法官感謝陪審團，解散陪審團，並且定期對被告判刑。

2020 年 2 月 26 日，法院開庭，法官判被告史東四十個月（三年四個月）有期徒刑。傑克遜法官對史東說：「你

的行為嚴重傷害國家安全。⋯⋯你用謊言掩蓋俄國和川普團隊的勾結,使特別檢察官無法完成他的調查。」

史東被判刑後,川普總統公開批評傑克遜法官,並且攻擊陪審團,指名他們的「領導」,宣稱她有偏見,「不正當地影響其他陪審員⋯⋯」等沒有根據的指責。

被告的律師立刻要求法院廢除判決,重新組織新的陪審團,重審被告史東。

傑克遜法官駁回被告的要求,並且說:「總統不應該公開攻擊陪審員⋯⋯他們沒有義務到法院來充當陪審員;他們是提供人民對法院的貢獻。⋯⋯陪審團是美國法治的核心。」

川普和右派媒體繼續攻擊法院的判決。為昭公信,法官邀請陪審員們回到法庭,以備法官的訊問。十二名正選陪審員,兩位因為職位而出差旅行,另兩位不肯參加,八位陪審員自動前來法院。法官開祕密庭(被告史東的律師在場,媒體不准),法官叫兩位陪審員坐入證人席,準備說明他們當時討論證據的詳情。

法官問:「你們都仔細考慮審判時提出的證據嗎?」

證人(陪審員)A回答:「是的。我們對每項控訴,都曾反覆討論,完全公正。被告都有罪的。」

法官問:「領導人有沒有對你們施加壓力?」

證人A回答:「沒有,她很公平,很放鬆,沒有壓力。」

法官問:「領導人有沒有表示對被告有偏見?」

證人 B 回答：「完全沒有。相反的，她提醒我們，對政府提的證據必須置疑，以保護被告。判罪必須超越合理的懷疑。」

次日，傑克遜法官駁回被告的要求，拒絕重審羅傑・史東。當庭命令法警用手拷鎖上被告雙手，送他到監獄執行徒刑。

B. 分析

法官保護陪審團，讓他們在安全、保密和公正的環境中，對審判中的證據和犯罪事實，作公平而客觀的評斷。川普總統為了朋友，公開攻擊陪審員、批評法官，這是前所未有的行為。法官依然不為所動。

這是美國史無前例的，對「法治」的挑戰。

第 7 輯　審判中的轉捩點

第一章　證人是否可信

Ebens v. United States (1986)

A. 案例[40]

年輕人文生‧陳（Vincent Chin）在底特律城一家夜總會中，與三位朋友喝酒作樂。他們和鄰桌的兩位美國白種男子，發生言語衝突。夜總會的經理將他們趕出門外。白人男子名叫伊班斯（Ebens），走到停車場從座車後廂中拿出一根棒球棍，兩人持棍衝向文生‧陳。三人見勢不妙，各向不同方向的街道逃避。伊班斯和同伴選擇追趕文生‧陳。

兩位白人男子追逐文生一條街後，趕上他，從背後揮棍打文生的頭與背。文生被擊中倒地不起。

路人呼喚警察。當警察趕到時，文生後腦已受重傷。在救護車上，他只說：「這不公平。」便逝去。

警察拘捕伊班斯和他的同伴。地方檢察官起訴他們「誤殺」（Manslaughter）。幾星期後，地方法院開庭審判。

---

[40] Ebens v. United States, 800 F.2d 1422 (1986).

法官表示兩位被告「不像是該坐牢的那種人」,只輕判他們緩刑和三千元罰金。

那是 1982 年的密西根州。日本汽車進入美國市場,造成密西根汽車製造業不景氣和工人失業。打人的兩人是失業的汽車廠工人。審判他們的老法官,是韓戰退役軍人。都歧視亞洲人。

底特律的華人到首都華府去請願。聯邦司法部答應出面,運用「民權法案」重新追究伊班斯。

聯邦法律「民權法案」規定,因種族仇恨而攻擊少數族裔,是聯邦重罪。它的焦點不是「攻擊」或「謀殺」;它的要件必須是「因種族仇恨」而攻擊少數族裔。所以檢察官必須在審判中提證據,證明攻擊或殺人犯罪的動機,是「種族仇恨」。

聯邦檢察官起訴伊班斯侵犯文生・陳的「民權」,因為文生是華人。

幾個月後,聯邦地方法院開庭審判被告伊班斯。其中檢察官這樣訊問證人。

檢方的關鍵證人中,有一位是夜總會的脫衣舞女瑞辛・柯威兒（Racine Colwell）。審判中在證人席,她這樣作證:

檢察官問:「他們爭吵時,妳在場嗎?」
證人回答:「我在舞台上看到他們爭吵。」
問:「聽到他們之間的對話嗎?」

法治的故事　159

答：「聽到一部分。」
問：「請敘述。」
答：「有人大聲說：『因你們操他媽的（mother fuckers）……使我們失業。』」
問：「看到說話的人嗎？」
答：「看到。是一位高個子的金髮白種男子。」
問：「這人今天在法庭中嗎？」
答：「就是他。」
檢察官大聲宣布：「法庭紀錄，證人指認被告依班斯。」

　　文生・陳的三位朋友也出庭作證。前面兩位證人都說，聽到伊班斯的話：「去追那個中國傢伙。」（Let's run down that Chink.）

　　伊班斯的辯護律師分別問兩人，當時他們分頭逃跑，沿不同的街道，怎麼會聽到被告的聲音和語言。他們堅持都聽到同樣的話。

　　當第三位朋友上台作證時，律師找到機會，這樣詰問他：

律師問：「你們離開夜總會後，各自分頭逃跑，對嗎？」
證人答：「是的。」
問：「文生和你沒有一同跑，我的意思是，沒有走同一條街？」
答：「文生向另一邊跑，他叫我走不同方向。」

問：「你沿街走一段，沒有看到文生？」
答：「沒有。那是黑夜，而且不同的街。」
問：「你看到被告，在你的街上嗎？」
答：「沒有。他們向另一方向跑去。」
問：「可是你聽到被告叫文生是中國佬？」
答：「嗯……」
問：「請你老實說，我提醒你，你宣誓要說真話。……有人教你們這樣作證嗎？」
答：「嗯……可以這樣說。」
問：「是誰幫你們準備證詞？」
答：「麗莎・陳。」
問：「麗莎是何人？」
答：「一位律師。」
問：「演練時留下紀錄嗎？」
答：「好像有錄音。」

　　辯護律師當場要求法官裁示，命令檢察官交出相關紀錄和錄音帶。被檢察官拒絕之後，法官指示，政府不必提交錄音紀錄，因為麗莎・陳的聲音是庭外的「傳聞證據」，但辯護律師可以在法庭中追問證人在出庭前準備他們證詞的歷程。

　　法官的裁示，成為將來上訴的問題。

　　審訊結束後，陪審團祕密討論了三天才達到共識。在法庭中，他們判被告有罪，侵犯了死者文生・陳的民權。

法治的故事　161

法官判他二十五年徒刑。

伊班斯的律師上訴到聯邦高等法院，指主審法官的裁決，違反了被告的質問證人的權利。律師主張，被告有權傳喚麗莎‧陳出庭，當場質問她為何教導證人作不實的證詞。並且主審法官應該命令檢察官提出錄音帶，放給陪審團聽。

1986年9月11日，聯邦高等法院在聽證後頒布判決，推翻下級法院的原判，發回更審。

高等法院詳細敘述依班斯與文生‧陳衝突的過程和被告殺人的細節，認為有充分犯罪證據，毫不留情。但是，高等法院認為下級法院的主審法官犯了幾項錯誤，以致影響審判的結果，對被告並不公平。

關於麗莎‧陳教導三位證人怎樣作證，高等法院認為「錄音帶顯示麗莎‧陳對證人的影響……辯方可以置疑證人是否真實……對辯方非常有關且重要。陳小姐在錄音帶的聲音，不是『傳聞證據』，下級法院不應該拒絕在法庭中播放錄音帶，陪審員們應該聽取，而作出獨立的判斷。」

「錄音帶中有一段，證人傑米‧陳表示並沒有聽到依班斯使用種族歧視的語言，……在庭訊中，辯護律師曾試圖曝露這位證人的證詞不真實。……主審法官錯誤地拒絕接受錄音帶證據乃是應該翻案的錯誤（reversible error），這項錯誤的裁決侵害了被告反詰問證人的權利。」

高等法院認為文生‧陳的三位朋友都是關鍵證人。他們的證詞指向被告依班斯的種族仇恨。這是「民權法案」犯罪最重要的因素，然而麗莎‧陳影響他們的證詞，這種不正當的教導應該讓陪審團知悉，並由他們評鑑，三位證人的證詞是否仍然可信。

　　高等法院推翻原審判決，發回更審。聯邦地方法院再審時，文生的三位朋友，都被「染污」（Tainted），失去作證的資格。酒吧的舞女，她的證詞沒有別人旁證，也顯得無力。既欠缺明確證據指出伊班斯殺人時的種族動機，結果新組的陪審團判被告沒有侵犯文生的民權，所以無罪。

B. 分析

　　審判時的攻防，曝露真相，形成轉捩點，此案又是一例。那位舞女的證詞是可信的，但欠缺旁證。三位朋友的證詞，第一次的陪審團也已接受，所以判被告有罪（25年徒刑）。可惜因為被外人教導說詞，發生疑問。教導證人，竟然還錄音，實在匪夷所思。

第二章　法醫的證詞

Lisa Peng v. California (1999)

A. 案例[41]

　　吉米・彭和太太麗莎，來自台灣，住在洛杉磯市郊，育有兩位兒女，都在公立中學上學。彭先生是商人，常旅行到中國。在青島他結識女子珍妮佛・紀。後來彭先生把紀小姐接到美國，住在一幢豪華公寓中，也在洛城市郊。不久紀小姐生育一個男孩。
　　不久彭太太麗莎發現她丈夫有外遇，情人住在加州。
　　1993 年 3 月 18 日，彭先生到亞洲跑生意，從台灣搭飛機回到洛城。班機準時上午抵國際機場。下機後彭先生便坐車先到公寓去。
　　公寓大樓的前台人員，看到彭先生在中午出現在大樓一樓櫃台前的客廳中。彭先生並告訴服務人員，他是來看紀小姐，「不巧她公寓的前門緊鎖，按鈴也沒有回音。我只好在這兒等她回來。」彭先生說。

---
41 People of California v. Peng, 4th Cir. Ct. Orange County (Oct. 1999).

彭先生出入大廳，徘徊到晚上。十點多鐘，他匆忙地告訴管理員，叫他們通知警方，並呼喚救護車，因為「紀小姐死在公寓中。」

十一時左右，警察來臨，上樓到公寓，推門進入，發現珍妮佛·紀已被刀砍死，嬰兒被掐死。

起先警察懷疑彭先生，追問他的行蹤，又懷疑嬰兒不是他的種。後來法醫驗屍，認為女子已死亡超過十二小時以上。彭先生既然在越洋飛機上，當日上午才到洛城，警方推算，判定兇手不是他。於是焦點轉向麗莎·彭。

警探約談麗莎幾次，她堅稱與她無關，並解釋當天下午一點鐘以後，她在家等孩子們放學回家。通常中學每天下午兩點下課放學生回家。

至於上午十二點之前，麗莎在家，但提不出證人。

警探得到彭先生的合作，約太太到警察局，把夫妻兩人關在密室中，由彭先生問她，談話都被錄音。

麗莎哭著對丈夫訴說，她沒有殺紀小姐。她承認曾單獨去見紀小姐，想勸紀小姐放棄她丈夫，兩人言語衝突，「她推我出公寓門，我在她手臂上咬了一口。」麗莎說。

警探聽到談話，立刻叫法醫重驗死者的手臂，果然有小傷痕。法醫取出其中的液體，送到實驗室去檢驗。

同時警探讓彭先生離去，留下麗莎，逼問她九小時才放她回家。實驗室驗傷口中的DNA，證明與麗莎的

法治的故事 165

DNA 相符。

1995 年 3 月，洛城警察拘捕麗莎，檢察官起訴她兩項謀殺罪。

這是當年轟動華人社區和中台兩方的「紀然冰」案。

加州地方法院開預備庭時，檢察官放送錄音帶給法官聽。麗莎（被告）所聘的辯護律師立刻起立反對。

律師說：「法官，警察用非法手段獲得的錄音紀錄，法庭不應該接受。」
法官問：「為什麼呢？」
律師答：「警察非法羈押被告九小時，沒有對她唸『麥蘭達』警語，不讓她離開，也不准她通知律師，這都違反了美國憲法。錄音紀錄不可在法庭中使用為證據。」

法官考慮了幾分鐘，裁示錄音紀錄可以被使用。

這是紀然冰案的轉捩點。

審判如期進行，另一項關鍵問題，是紀小姐的死亡時間。如果凶殺發生在被發現時（當晚十一時）的十二小時之內（即當天上午十二時之前），那麼彭先生還在機場，便不能去殺她。不是彭某，便可能是被告麗莎。但如果凶殺發生，與它被發現時，不到十二小時（即當天下午），彭先生那時已抵達公寓大樓，而麗莎卻在家中等孩子放學回家。

審判中有這樣一段對話：

法醫在證人席中向陪審團解釋驗屍的結論。認為死亡時間是當天中午之前。

法醫說完後，辯護律師「反詰問」他：

律師問：「法醫先生，你剛才的證詞，說明當死者的屍體被發現時，她已死亡至少十二小時，對嗎？」
法醫答：「是的。」
律師問：「那就是當天上午十一點鐘以前？」
法醫答：「是我的判斷。」
律師問：「根據什麼做此判斷？」
法醫答：「根據血液凝固的程度，皮膚組織的變化等等。」
律師問：「死者胃內的食物消化程度也是根據之一，對嗎？」
法醫答：「是一項因素。」
律師問：「死者胃內有食物嗎？你檢驗的結果⋯⋯？」
法醫答：「有相當多未消化的食物。」
律師問：「那表示，死者在被殺前不久剛吞下食品？」
法醫答：「應該是。」
律師問：「也就是，死者剛用過午餐？」
法醫答：「⋯⋯大概吧，我不能猜測她的生活習慣。」
律師問：「是不是公平地說，死者被殺的時間點，在當天中午以後？（Is it fair to say, the point when the deceased was killed, would have been in the

法治的故事　167

afternoon?」
法醫答:「……可能的。」
律師問:「下午一點半,或下午兩點鐘以後?」
法醫答:「我不知道。」

經過反覆詰問證人,審判結束後,陪審團退庭祕密討論幾天,不能達到共識,其中四位陪審員認為證據不足。法官裁示審判「流產」(Mistrial)。

地方檢察官不放棄,重新起訴麗莎,依程序請法院再審。

本案再審後,重組的新陪審團判被告有罪,法官判她無期徒刑。

於是麗莎的律師替她上訴到加州高等法院。

1999年10月3日,加州高等法院在聽取兩方辯論後,作出判決。高等法院這樣宣示:

當時警察的行為,違反了「正當程序」最基本的要求。警察們訊問被告九小時,不讓她聯絡律師,也不准她回家,甚至利用她的丈夫套取口供,祕密錄影,然後在法庭中播放,並且利用她的口供內容,追查死者手臂上齒痕的緣由。警探們沒有對被告唸「麥蘭達」警語,違反美國憲法和最高法院的判例。法官容許在法庭中提呈非法證據,對被告不公平。

高等法院撤銷有罪的判決,發回更審,並且不准地方法官再使用那份錄影紀錄。不但如此,連那DNA證據

也不准再使用,因為那是「毒樹的果實」,是非法採得的證據。

地方檢察官還是不服,重新起訴麗莎。再審結果,陪審團十二人又膠著,不能達到共識,審判又「流產」。此案一拖數年,沒有結果,被告一直被拘留。

2001 年 6 月 29 日,檢察官終於放棄,與辯護律師妥協,請求法院裁定,放被告出獄。

2001 年 7 月 23 日,麗莎‧彭恢復自由,搭飛機回到台灣。

B. 分析

法庭的攻防過程中,出現轉捩點,改變了麗莎的命運。法醫的猶疑不決,使陪審員不能確定誰是兇手。警探和她丈夫的行為,不但違反憲法,而且令人生疑。

加州最高法院,援引 Wong Sun 和 Miranda 兩項重要前例,為其判決的基礎。

警察把麗莎關在警察局內,訊問九小時,而沒有告訴她有權保護自己,違反了 Miranda 的禁令。此外,非法訊問,從嫌犯口中取得的線索,是「毒樹的果實」,違反了 Wong Sun 的禁令。檢警的行為,違背「正當程序」(Due Process)。

非法偵訊,傷害法庭審判的公正,更傷害了麗莎,使她冤坐許多年的牢獄。

第三章　彈劾證人

In re Chungping Co. Ltd. (ITC,2015)

A. 案例 [42]

　　以下的法院實錄展示律師在法庭中，用「反詰問」追尋真相，以及主審法官的反應和判決。

　　訴訟的標的物，是新式的光碟放映機，放映機內裝置兩條管道（Array）。第一條管道輸送影像光點（Pixels），第二條管道將「光點影像」輸入記憶擴大器中，兩條管道用兩具「數據時鐘」控制，使管道之間的輸送循一定的步調。影像經過準時的傳送、儲存再放大，映在螢幕上精細的動態畫面。

　　原告的發明（註冊的專利）教我們（1）使用兩條輸送管道、（2）使用有記憶功能的擴大器（記憶盒）、（3）管道之間協調互動、（4）數據時鐘規律和控制輸送的互動、（5）輸送「活動的」影像訊息（Active Signals）。

　　這是裝置於機器中，非常細微精巧的設計。在此僅

---
42 本書作者在法庭詰問證人的實錄。

簡化地交待，這件專利訴訟的要點。

在法庭中進行審判，原告由它公司的技術總監（CTO）上台作證。證詞大約如前述：五項要點。若攻破其中一項，便可能奏效。

律師代表被告的公司；它被指控，它的產品設計「侵害」（Infringe）了原告的專利。

客戶（被告）的產品中的設計、結構和功能，大部分與原告的專利中所列舉的特點，很是相同。但原告公司的證人，不知道我們產品的不同處，使它偏離專利的範圍。下面是律師反詰問這位技術總監的實錄。

首先必須使證人放輕鬆，最好輕視這位亞裔律師，就先問他一些背景問題，使他覺得容易應付。然後逐漸引入正題。

問：「這項專利所含的技術，用傳送『光點』影像的方法，代替老式放送『框架』（Frames）的放映機，因此擴大器體積較小而成本較低，對嗎？」
答：「對的，因為擴大器較小，省電、成本也降低。」
問：「你們的設計，使訊息（Signal）在傳送中，不至於超多或不足？」
答：「是的，那就是我們的發明。」
問：「記憶盒中儲存數據資訊，對不對？」
答：「對。」
問：「只儲存從影像管道傳送過來的活動（Active）的影

法治的故事　171

像訊息?」

答:「不錯,它只儲存傳來的影像活動訊息。」

問:「根據這項專利,擴大器會不會也儲存與活動影像不同的、傳送過來的不活動的訊息(Inactive Signals)?」

答:「你指的不活動的訊息,是什麼?」

問:「控制訊息(Control Signal)或空白時段(Blanking Periods)。」

答:「不會的。它只儲存活動的影像訊息。」

問:「擴大器僅接受活動的訊息?」

答:「對的。」

　　此時律師已得到所需的答案。客戶的產品中,記憶盒擴大器,儲存活動的影像訊息,和「不活動」(Inactive Signals)的控制訊息和空白時段。

　　證人說出對被告有利的話,因為他不知道客戶的產品的內在功能,而表面上看來與原告的設計相同。

　　助理在法庭內旁聽,他們看到對方的律師很不安。猜想這位技術總監將要翻供。也許他們已看出,勝敗關鍵在此。

　　那天是星期五,法官命令休息,下週一繼續。

　　星期一在法庭中,由他的律師引導,這位證人果然企圖改變說法。他表示,他們的設計,也包含「不活動訊息」在管道間流動,擴大器也儲存「控制訊息」和「空

白時段」。果真如此,被被的產品設計,與對方專利描寫的新發明,一模一樣,而「侵害」了原告的智權。

　　輪到被告的律師再次反詰問這位證人:

問:「你們的專利,要求僅有活動的訊息才會輸入擴大器的記憶中,不是嗎?」
答:「那不對的。依我的了解……」(被律師打斷)
問:「你記得上星期五怎樣作證的嗎?」
答:「上星期五我的回答已列入紀錄,但當我解釋擴大器記憶體的功能時,只是舉一個例,並未排除『不活動』的訊息。」
問:「但你兩天前在法庭作證,同意擴大器僅儲存活動訊息,你不記得嗎?你沒有亂講吧?(You are not making it up, are you?)」
答:「沒有亂講……」
問:「今天呢?它是不是你今天的證詞?」
答:「它不再是我今天的證詞。」
律師故意安靜十五秒鐘,讓法官和觀眾消化,使法庭空氣凝結,然後發言:
問:「你在改變你的證詞嗎?(Are you changing your testimony?)」
答:「是的。我誤解了專利的意義,今天才了解。」
問:「你的意見還在演變中?(Your opinion is still evolving?)」

法治的故事　173

答：「我不知道怎樣刻劃（I don't know how to characterize it）。」

審判結束後，法官作出書面判決，客戶（被告）沒有侵害原告的專利。對專家的證詞，法官怎樣刻劃呢？

法官寫道：「經過一個週末，原告的專家證人發現他對於這項專利的解釋，對他的公司（原告）不利，次日他就想改變他的證詞，企圖否認他在第一天的證詞。但後來他又變更說法——這一回，他竟然說他在第一天的證詞，是基於他正確的了解。這位專家證人不可信賴。（This expert witness was not credible.）」

B. 分析

這是一樁「專利」訴訟。原告沒有徹底了解被告公司的產品，只看表面，冒然起訴。它的技術總監，在證人席中，被對方的律師，逼出自相矛盾的證詞，以致令法官生疑，不接受他的證詞。結果原告的訴狀失敗。法庭中的「反詰問」，是本案的轉捩點。

第 8 輯　當權力與法治衝突時

第一章　追訴副總統

United States v. Agnew (1973)

A. 案例 [43]

前任副總統（1968-73）艾格紐是美國歷史中第一位當選州長的希臘裔第二代移民。

1968 年共和黨籍的尼克森競選總統，選擇艾格紐（Spiro Agnew）為競選夥伴。當年 11 月全國大選，尼克森當選美國總統，艾格紐當選副總統。

艾格紐是馬里蘭州的地方官，曾任市議員、市長和州長，與地方的政商關係密切。在短短幾年之間，艾格紐從地方政治圈，爬升成美國副總統，被視為政壇奇蹟。

在擔任市長和州長的時候，艾格紐依循地方政治圈和工業界的老習慣，做了一些事，後來變成問題。

地方政府管理公共建設，修橋築路，市政府和州政府使用辦公設施的租賃和擴建，而且巴爾的摩港口是東岸運輸樞紐，碼頭工程甚多，都需經過政府招標。艾格

---

43 United States v. Agnew, 428 F. Supp. 1293 (1977).

紐做市長和州長時，由他批准工程公司、建築師和供應商。他讓他的朋友和政治支持者得標，讓他們設計、供應和建設這些大小工程。其中有些商人，提供百分之五的回扣，送給艾格紐。

這些公共工程，其實也都按標準進行，並沒有缺陷。

1972 年總統和副總統尋求連任，艾格紐曾向其中一些公司，要求政治捐款。

當選連任後，總統和副總統的聲望不可一世。然而就在當年（1972），有人向司法部檢舉副總統艾格紐，說他在做市長和州長時，收受回扣，又在競選期間，索求捐款。

司法部指定檢察官，祕密調查艾格紐。調查員找到不少的證人，搜集到前幾年向他提供紅包的證據，然而欠缺他當選之後有沒有繼續收取回扣的證據。

於是檢察官設計，安排一位巴爾的摩市的商人，與艾格紐熟識，也送過不少次紅包，由他在口袋中帶著一千五百元現金，約時間到白宮去見副總統。在白宮副總統辦公室中，這位「朋友」拿出信封袋，其中裝有一千五百元現鈔，交給艾格紐副總統。艾格紐把錢放入書桌抽屜中。

這位「朋友」後來是檢察官掌握的關鍵證人。將來在法庭中，他可以作證，副總統一直到今天，還在收賄。

艾格紐被抓個正著。

1973 年 2 月，聯邦檢察官決定起訴現任副總統，可

法治的故事 177

是艾格紐聘請的辯護律師表示，在法庭審判中，他可以向陪審團解釋，被告沒有收受大數目的金錢，幾千塊美金，不過是朋友給他的敬意，至於那些證人，被檢察官逼迫，為求自保而拖「大魚」入網。

檢察官也考慮，起訴副總統，茲事體大，而掌握的鐵證，僅是他曾收受商人的錢，那些公共工程也沒有差錯，為了幾千元美金，又不一定能證明收紅包貪污，出賣辦公室的犯罪故意，如果窮追不捨，未免小題大作。

然而檢察官掌握的鐵證，是艾格紐收錢之後，沒有申報所得稅。經國稅局查證後，這一點無可爭執，所以他們使用「逃稅」的罪名，起訴副總統艾格紐。

兩方在幕後談判兩個月，艾格紐不肯認罪，檢察官要求他辭卸副總統的職位，可以請法院免除他坐牢。

1973年10月10日，在全國矚目之下，華府的聯邦地方法院開庭。政府由司法部長（總檢察長）代表，法官傳喚被告艾格紐親自應訊。開庭後，檢察長告訴法官，起訴被告逃稅罪。法官問被告是否認罪？艾格紐回答「不認罪，但也不抵抗（No Contest）請法官決定如何處分。」法官當即判他三年有期徒刑，罰金一萬美元。法官告訴他，如果他立刻辭去副總統職位，便免他坐牢，判他緩刑三年。艾格紐便答應辭職。

B. 分析

　　高高在上的副總統,為了過去的貪污行為而身敗名裂。金錢的總數,前後六年不超過二十萬美元。艾格紐至死堅持他遭小人陷害,和被政府設陷阱冤枉。

　　調查此案的過程中,司法部曾憂慮,追查和起訴在職的副總統,可能動搖政壇和引起社會不安,因為這是少見的大事。司法部的高層提出備忘錄,建議檢察官可以追調和起訴副總統,但不宜起訴在任的總統,「即便總統的行為有犯罪嫌疑。」依美國憲法明文(2.4條),如果總統犯罪,國會有權彈劾和罷免總統。

　　司法部的理論:憲法的文字,給犯法的總統兩條路:(1)被國會彈劾罷免;(2)在下一屆大選中由全民選擇,可以投票不讓他連任。

　　這件 1973 年的備忘錄,其實是分析怎樣處理犯罪的副總統,順便提到「不宜起訴總統」,這一段意見卻成為司法部的傳統,至今聯邦檢察官不起訴在職的總統。[44]

---

[44] 2017-2019 年,司法部指定「特別檢察官」調查俄國干擾美國大選。2019 年檢察官提出報告,列舉川普八項犯罪行為,但受司法部傳統(備忘錄)拘束,不起訴在職總統。

第二章　調查總統

United States v. Nixon (1974)

A. 案例 [45]

　　1971年尼克森競選連任總統，他的對手民主黨的總部，曾在華府著名的水門大廈中設辦公室。有一天晚上，駐在大廈的警衛，樓內巡邏時，發現民主黨辦公室有閒人潛入的跡象。他進入室內，當場捕獲幾個男子，正在裝設竊聽器。

　　偷入他人的房屋是犯罪的行為，警察調查，發現他們其中有古巴人，而他們的聯絡者，卻曾在白宮工作，檢察官起訴他們。

　　華盛頓郵報的兩位記者，追蹤打聽，查出這幾位被告都與尼克森競選團隊有關，案件始末曾被拍成電影名片（勞勃瑞福和和達斯汀霍夫曼主演）。

　　當年尼克森高票連任，次年1月就職，「水門」事件卻越來越複雜，媒體追蹤不息，於是總統在白宮內，

---

45 United States v. Nixon, 418 U.S. 683 (1974).

指示他的幕僚，付錢給那幾位被告，叫他們不要洩底，尼克森的談話，被室內的錄音機全都錄下。

幾位被告犯的罪名，並不嚴重，但主審他們的聯邦法官，卻把案件延擱，不對他們判刑，逼迫他們講實話，洩真情。

同時白宮內有些高級幕僚開始動搖，不願參加總統掩蓋犯罪的行為，白宮的主任律師，向國會爆料，到國會去公開作證，指控總統指揮助手掩蓋犯罪，掩蓋犯罪是妨害司法調查、是重罪（Felony），可處五年以下有期徒刑。

總統如果犯罪，國會可以彈劾和罷免他（憲法第 2.4 條）。

然而當司法部處理副總統 Agnew 弊案時，在備忘錄順便提到「不宜起訴總統」這樣一段建議，成為司法部內部規範，所以就不考慮調查起訴尼克森總統。從此形成前例。

關鍵證據是白宮內部收藏的錄音帶，尼克森的律師，拒絕交出那些錄音帶，彈劾案成為膠著狀態。

1974 年春天，國會指派的特別檢察官，到聯邦法院聲請法院命令交出錄音帶，總統的律師反駁，主張總統在辦公室內的語言，受到法律的保護，是免責的資訊，沒有義務提出給檢察官。

當年夏天，最高法院開庭聽證之後，頒布一道判決，法院的判決，由全體法官一致同意，宣布尼克森敗訴，

命令他立刻交出所有的錄音紀錄。

最高法院在判詞中說:「本法院認可的法律,便是有效的法律。」又說:「沒有任何人、連總統在內,高於法律。」

(No one, not even the President, is above the law.)

接到法院命令,白宮沒有抗命,交出錄音帶,果然聽到總統的聲音,指示助手「用錢去買他們(被告們)的沉默」、「叫 FBI 停止調查」等等。

面臨被國會彈劾和罷免,尼克森蒙羞辭職。

這便是有名的「水門事件」。

B. 分析

「水門」事件前後鬧了兩年,每天都是新聞,白宮不斷地批評和阻撓媒體的採訪,但新聞受到「言論自由」的保障,沒有屈服。

尼克森在白宮指揮掩蓋犯罪,使用行政權,運用中央情報局和聯邦調查局,協助他的行為。最終被國會任命的獨立檢察官突破,遵循法定程序,說服最高法院,命令總統交出犯罪證據。

如果總統不服從法院的命令,後果將會如何呢?法院可能派法警到白宮去搜查證據嗎?白宮的警衛會接受法警,讓他們執行嗎?權力與法治衝突,便形成憲法的危機。

在法治的傳統之下，尼克森總統知道沒有選擇，為避免被國會彈劾和罷免，尊重了最高法院，交出犯罪證據，並且也避免了與國會（立法權）正面衝突，自行辭職，化解了憲法危機。

第三章　州長與刑法 (Nullum Crimen Sine Lege)

McDonnell v. United States (2016)

A. 案例 [46]

　　2013 年在東岸的維吉尼亞州里奇蒙城（Richmond, Virginia），地方檢察官起訴一件偷竊案。被告是一位職業廚師，曾經在州長的官邸中掌廚。州長的成年兒女有時把銀器餐具和食品，隨便取走。但那些是官邸中公家的設備。廚師干涉他們一兩次，冒犯了州長夫人，找藉口將廚師開除，並且反而指控他偷竊食品。把案子交給地方檢察官去追訴。區區小事，檢察官竟然奉命，起訴這位廚師。

　　在法庭審訊過程中，被告廚師告訴法官，他有重要祕密，要檢舉州長和州長夫人。狗急也會跳牆，州長夫人「欺人過甚」，逼使廚師在法庭中爆料，反咬一口。

---

46 United States v. McDonnell, No. 15-4019 (4th Cir. 2015); McDonnell v. United States, 579 U.S. 550 (2016).（最高法院不認同下級法院對法條的解釋。）

維吉尼亞是古老的州，它的州政府向來以清廉著稱。2008年到2014年，有位年輕的州長，名叫羅勃・麥當諾（Robert McDonnell），曾擔任州議會的議員多年，旗號是信仰上帝、正直、廉節和熱愛家庭。2008年他以這種號召，當選維州的州長。競選的時候，接到不少的捐款，其中較大的一筆美金十一萬七千元，捐款的人名叫強尼・威廉斯（Johnnie Williams）。當時兩人並不相識。強尼是一家研究和生產營養補充食品（健康添加品）的公司的總經理。公司名叫「星球科學公司」（Star Scientific, Inc）。星球公司出產「添加食品」（Supplementary Dietary），譬如維他命藥丸種類的食品。它的產品，不是聯邦政府「食物藥品管理局」（Food and Drug Administration）認可的藥品，因此不能在市場上當做成藥推銷。

「星球」公司新近研發一種食品，從菸草中提煉元素（Anatabine），這種新菸草似乎可以幫助吸菸的人戒菸，也可能對復健老年痴呆有益。人體使用可有抗炎作用，但效果尚未被證明。既不能亂做廣告，「星球」公司便設法從公共衛生和醫藥界，進行遊說和直接推廣，期望公共衛生的專家和醫師們接受它的產品，向病人推薦使用，建立口碑。

總經理強尼，對新任州長發生興趣，打算利用州長的權力和人際關係，在維州推廣「星球」的新產品。既是捐款的「大戶」，便找到機會結識麥當諾州長和州長

夫人毛芸（Maureen McDonnell）。

州長夫人毛芸年輕時曾經是華府職業足球隊的啦啦隊員，與州長結婚二十年，育有子女各一人，女兒已經二十歲。毛芸愛好打扮、貴重首飾和華麗衣裝。

強尼看中了毛芸的喜好，便送她貴重的禮物。高興之下，州長夫人表示願意協助強尼和他的「星球」公司，在州政府和友好之間，稱讚它的新產品。

強尼・威廉斯成為州長官邸的常客。州長夫婦用晚宴招待衛生和醫藥界的朋友和重量級人士，介紹這家公司。

州長夫人毛芸在「路易斯瓦登」（Louis Vuitton）花用一萬零九百九十元，在奧斯卡德拉倫塔（Oscar de la Renta）消費五千六百八十五元，另在古特曼（Bergdorf Goodman）購買兩千六百十四元的衣飾，強尼全數買單。

強尼送麥當諾州長一張五萬美金的支票，貼補州長經營房屋租賃的開銷。

「星球」公司到佛洛里達州去招待當地的醫師和公共衛生人士，維州州長夫人毛芸飛去參加助陣。

州長的生日到了，強尼買一隻「勞力士」手錶，請毛芸送給州長。麥當諾州長很高興，拍照片為證。

州長的女兒結婚，州長官邸開盛大宴會，雇請著名餐館供應餐點，強尼替州長家庭支付一萬五千元。

就是這一萬五千元，引起官邸廚師的注意。在州長夫婦開除他並控告他偷竊後，廚師便向法官檢舉州長貪污。

事情一旦曝露，媒體開始注意。首都的《華盛頓郵報》派記者挖牆腳，把「星球」公司和州長的關係，在報紙上詳細報導。這些報導，引起聯邦司法部的注意。

　　2014年1月4日，聯邦檢察官經過一年多的調查，對麥當諾州長和夫人毛芸，提起公訴，指控他們利用官職，收受金錢和有價物品，出賣州長的影響力。

　　被起訴後，州長的辯護，完全推給他妻子，夫妻關係不和，一切都是她的作為，州長公務繁忙，太太做的事他都蒙在鼓裡，一概不知，企圖推卸責任。而主張夫人沒有官職，不能被控訴「貪污」。

　　檢察官不相信他，法官不相信他，陪審團在法庭中聆聽全部證據之後，也不相信他。2014年7月法庭審判，結束時陪審團宣判麥當諾州長和夫人毛芸兩人都有罪。

　　主審法官判州長三年徒刑，夫人一年徒刑。

　　麥當諾不服，上訴到聯邦高等法院，敗訴後再上訴到聯邦最高法院。麥當諾的律師主張，當初審判時，主審法官錯誤地解釋相關的法律。

　　援用來判他有罪的法律，是聯邦法典中禁止政府官員貪污的條文，它的文字是任何政府官員，「不得利用職位圖利，不得使用官式的行為（official act）協助第三者，干涉或影響任何事件、訴訟、程序或爭執（any sauce、suit、proceeding or controversy）……」

　　最高法院定期開庭聽取兩方的辯論後，於2017年6月宣布判決。法院敘述調查出來的事實細節，特別注意

麥當諾的行為，是否觸犯了上述的法律明文。最高法院認為，刑法應該從嚴解釋、犯罪的行為必須被法律文字涵蓋。沒有觸犯明文，便沒有犯罪。

最高法院認為，州長的各種貪財自私的行為，雖然可恥，卻沒有違反法律的明文。州長並沒有收賄之後，「干涉或影響事件、訴訟、程序或爭執」。他的確安排了開會等動作，但還沒有達到違反法律明文的犯罪。

最高法院命令，廢棄了第一審的有罪判決。

B. 分析

最高法院推翻兩級法院的判決（初審法院和聯邦高等法院），嚴格解釋聯邦法典中禁止和處罰政府官員貪污的行為。一方面可能放鬆了對貪污的嚇阻和處罰，另一方面，對刑法從嚴解釋，卻是遵行歷史傳統（Nullum Crimen Sine Lege）。

第四章　總統持有的證據

United States v. Aaron Burr (1807)

A. 案例[47]

1807年美國政壇發生事故。前任副總統布爾（Aaron Burr）被聯邦檢察官起訴，罪名是「判國」。

布爾是位彩色的政治人物，曾擔任議員和州長，並與漢彌爾頓是政敵。副總統任滿後，布爾失去了政治勢力。他旅行到美國西部，尋找機會，打算東山再起。他與一批政客聯絡，想在路易斯安納地區（Louisiana Territory，當時尚未成為一州）另起爐灶，組織新政府，分離美國。另一批黨羽在中部俄亥俄州，陰謀脫離聯邦的統轄，重回英國的統治。他們準備武裝行動。

布爾沒有到俄亥俄州去會合。後來布爾堅持，他曾反對俄亥俄州武裝起義的陰謀。

聯邦政府查出這些陰謀，鎮壓了地方的騷動，拘捕

---
[47] Chanles Hobson, The Aaron Burr Trial (Federal Judicial Center, 2006). United States v. Burr, 25 F. Cas. 30 (1807).

共謀犯,起訴他們陰謀叛國(Conspiracy),也起訴布爾。

1807年3月,聯邦地方法院開庭審訊這批被告。

檢察官主張,他們觸犯了美國憲法規定的「叛國」罪。

因為布爾的身分,而且是開國以來最重要的刑事案,又涉及觸犯憲法的罪名,所以最高法院首席大法官(Chief Justice,即院長)馬歇爾親自主持法庭審判。

檢察官提出證人的供詞,和互相聯絡舉事的文件和書信來往。檢方的缺點,是布爾在華府,不在俄亥俄州,沒有參加行動。

被告布爾的反駁,主張他從來沒有圖謀政變的意思,更沒有叛國的行為。他竭力申辯,在書信和文件中,有他反對任何陰謀的表達。在法庭中,布爾要求傳喚傑弗遜總統,要求總統交出那些被調查員搜集沒收而轉交給總統的書信。「信件中有本人的文字,表示反對他們不當的想法……」布爾一再說明,要求發傳票索求有利的證據。

傑弗遜的代表,拒絕服從法院的傳票。總統聲明,法院無權索求他手上的文件或任何證物,「總統有豁免權,不必交出任何文件。」又表示:「何種文件有用,何者無用,由總統決定。」所以他僅答應提出幾件、由他選擇的證物(書信)。

主審的大法官馬歇爾,聽完兩方的辯論之後裁定:法院有權決定證據的取捨,根據法院的紀錄,大法官裁

示批准被告的聲請,他寫道:「刑事訴訟取決於證據。陪審團有絕對的權力,索求證據。即令總統也必須服從法院的傳喚(Subpoena),交出證據。」

接到大法官簽發的命令,傑弗遜總統顧全大局,勉強服從,交出傳票中所指定的書信文件。如果總統不服呢?

傑弗遜的決定,確立了「司法至上」的精神。馬歇爾強調,憲法第六條修正案,規定刑事被告有權要求與證人對質,包括索求與他的防禦有關的證據,以及運用強制程序(Compulsory Process)索取證據,強迫證人到法庭對質。

審判結束,被告布爾被判無罪,大法官的裁決,並非陰謀的證據是否充足,而是罪名不妥當。因為憲法第二條關於「叛國」罪的明文,規定戰時(in time of war)反政府或通敵的行為,才構成叛國罪,而當時這批被告在俄亥俄州的行動,雖不正當,卻不發生在國家交戰時期,所以不能判他們「叛國」罪。

B. 分析

根據憲法的明文,「叛國」罪須發生於戰時,這已是確定的先例和歷史。刑法(犯罪)條文,必須從嚴解釋,本案也是先例。

更重要的,總統的行政權雖然廣泛,卻不敵法院的

判決或命令。在刑事訴訟中，證據的重要，高於總統的意願。總統無權抗拒法院的傳喚（Subpoena）。

　　主審的馬歇爾大法官，對總統發送傳票，為被告布爾索求證據。在法庭中，指出那是第六條修正案授與刑事被告的憲法的權利。傑弗遜總統雖然不滿，仍然不得不服從。取捨之間，形成「法治」的傳統。

第五章　在「法治」傳統之下

Trump v. Vance (2020)

A. 案例 [48]

2018年夏天，紐約市曼哈頓（市中心）的檢察官（District Attorney）召集「大陪審團」（Grand Jury），向他們提供證據和證人，開始進行刑事調查。檢察官名叫范斯（Cyrus Vance），他是州級的地方檢察官；他只能調查和起訴對紐約州的犯罪。

經過大陪審團同意，又經過地方法官許可范斯發出傳票，對象是（1）德意志銀行（Deutsche Bank）；（2）Mazars會計師事務所；（3）川普公司。傳票索求川普的私人文件，包括他歷年的報稅紀錄和銀行貸款申請，及金錢來往的帳戶紀錄。德意志銀行是華爾街上唯一肯借錢給川普的銀行。）Mazars事務所替川普和他的公司報稅和管帳。

檢察官發傳票，是起訴前採證的步驟，也是刑事調

---

[48] Trump v. Vance, 398 F. Supp. 3rd 289 (2019).

查不可缺少的措施。

范斯的焦點之一，是 2016 年發生的事故。當年川普競選美國總統，2016 年夏天，有兩位女士通知他，將要公開告發川普性騷擾。川普曾與她們有親密關係。於是川普叫私人律師出面，花錢擺平醜聞，維護競選的前途。11 月初，他當選總統。

私人律師名叫邁可・柯恩（Cohen），他出面用川普公司的支票，送給兩立女士封口。

2017 年醜聞曝光，聯邦檢察官聞訊調查，因為妨礙競選，違反聯邦法律。柯恩向女士塞錢，掩蓋醜聞，可能干涉了選情。調查過程中，柯恩不誠實，被起訴向聯邦幹員「偽證」（Perjury），被起訴判刑，坐牢三年。聯邦檢察官在起訴書中，指出柯恩受人指使去應付兩位女士。那位指示的共犯，稱為「第一號某人」（Individual One），他就是川普。

聯邦的起訴書，提到共犯，卻沒有起訴他，礙於司法部「不追訴總統」的傳統。

紐約市的地方檢察官范斯，便開始調查「第一號某人」，因為在支付金錢給女士的過程中，可能有虛報逃避州政府稅務法規、以及公司作虛假報帳等情事，都是犯罪行為。傳票就是基於刑事調查。

州級檢察官，不受聯邦司法部的拘束，可以追訴在職的總統。

川普不肯合作，由律師到聯邦地方法院提出緊急訴

狀，控告范斯，也控告銀行和會計師事務師，阻止他們與紐約州的法院合作。訴狀要求聯邦法官頒發禁制令（Injunction）。他把訴訟的戰場，從州級法院，轉移到聯邦法院，以為對他比較有利。川普竭力聲辯，憲法保護總統，有絕對的司法豁免權（Absolute Immunity）。

2019 年初，聯邦地方法院駁回（Dismissed）川普的訴狀。法官表示，聯邦法院不干涉州級法院的刑事案件。

川普上訴到聯邦高等法院，也不成功[49]。於是他上訴到聯邦最高法院，希望能說服大法官們，阻止紐約的檢察官。

2020 年 6 月，最高法院九位大法官，以七票通過駁回上訴，將案件發回給聯邦地方法院，並命令地方法院准許范斯執行他的傳票。[50]

由首席大法官羅伯茲（Roberts, C.J.）執筆，最高法院說：

1. 憲法第二條（行政權）不阻止、或要求至上的標準，讓州級的刑事調查向現任總統開發傳票。（Article II and Supremacy Clause do not preclude, or require a heightened standard for the issuance of a State criminal subpoena to a sitting President.）

---

[49] Trump v. Vance, 941 F.2d 631 (2019).
[50] Trump v. Vance, U.S. Supreme Court 19-635 (2020).

2. 1807年，馬歇爾大法官主審布爾案，便曾命令傑弗遜總統服從刑事傳票，並提供證物。馬歇爾裁示，總統不豁免法院的刑事程序，以及第六修正案（對質權）。（In 1807 John Marshall, presiding over the treason trial of Arron Burr, granted Burr a motion for subpoena duces tecum at President Jefferson. In rejecting the prosecution's argument that a President was not subject to such a subpoena, Marshall held that a President was not exempt from the Sixth Amendment's guarantee for the defense.）
3. 本法院遵循馬歇爾在布爾案中建立的兩百年的歷史判例。（Marshall's ruling in Burr entrenched this Court's 200 years of practice.）
4. 歷任總統自傑弗遜到柯林頓均一致服從法院的傳票。（From Jefferson to Clinton, every President uniformly testified in a produced evidence to Federal Court when called upon.）
5. 總統與任何庶人平等。（...a President stands as any other individuals when it comes to private papers.）
6. 提供證據，人人有責，美國總統在內。（In our judicial system, the public has a right to every man's evidence. In the earliest days of this Republic, every man included a President of the United States.）

　　最高法院將案件發回聯邦地方法院，法官轉達命令，

批准紐約市的檢察官范斯，循刑事程序，發送傳票，強迫銀行和會計師事務所，立刻交出指定的文件和紀錄。

川普和他的公司，究竟曾否犯罪，終將被揭露真相。

B. 分析

精闢的判詞，發揚「法治」的傳統。從布爾案（1807）到今日（2020），跨越兩百多年，法律原則是恆久不變的。兩代的最高法院，前後呼應，令人激賞。

在法院面前，總統與百姓平等。權力衝撞法律，最終由法院解決。如馬歇爾大法官所言：「決定何者為法律是本法院的領域。」

第 9 輯　政治衝撞法治

第一章　Commonwealth of Virginia v. James Fields (2017)

―――

A. 案例

2017年8月12日，一群人在維琴尼亞州霞落城（Charlottesville，遊行示威。霞落城有一座紀念美國南北戰爭的石碑，市政府決定拆除，因為石碑是早年為紀念和歌頌南方獨立運動失敗而樹立。示威的群眾反對拆除石碑，他們揮舞南軍的軍旗，但衣服和手臂上卻帶著3K黨（Ku Klux Klan）和納粹（Nazi）的圖符，口中高喊：「猶太人該死……」、「移民滾出去……」等。

霞落城是維州大學的所在地，有數萬名受高等教育的青年。許多人自動聚集在街上進行「反」示威。兩方的情緒激動。

海珊・赫兒（Heather Heyer）是位三十二歲的白種女子，在當地一家律師事務所做助理。她告訴她母親：「種族主義者不應該在本地囂張，我要去表示反對他們。」母親勸她要當心，因為「新納粹」和3K黨可能動粗。赫兒回答：「這裡是霞落城，不會容忍暴力。」

赫兒擠在「反」示威的年輕人中，高聲叫「3K 黨人離開」。

詹姆斯·菲爾德（James Fields），年齡二十一歲，中學未讀完便失學，離家到處打零工謀生，結交一批白種男子，參加他們的組織。團體的口號是「右派大聯合」（United the Right），有三百多名成員，是 3K 黨的支脈。他們使用社交媒介、網站和傳單宣揚 3K 黨的宗旨，並且選擇時地遊行示威，甚至欺凌或攻擊放單的黑人。

3K 黨的宗旨，是反對聯邦政府、歧視少數族裔和宗教「異類」，以及打擊移民。「異類」包括非裔黑人、猶太人、天主教徒、和所有的「有色」人種。他們主張在國內迫害這些人，並且阻止有色的外國人入境。

詹姆斯駕駛他的中型卡車，從俄亥俄州趕來參加示威。看到「反」示威的人群，內心憤怒，加速馬力，衝向人群，一瞬間他的卡車撞飛了許多人，而赫兒小姐首當其衝，當場死亡。許多人搶上來把詹姆斯從駕駛座上拉下來，他們後來在法庭作證，描述詹姆斯很是鎮定，甚至面帶微笑。「那完全不是意外駕駛失控，」證人表示。

詹姆斯撞死了赫兒，另外撞傷了十名男女。

維州的檢察官起訴他殺人罪和許多其他罪名，包括惡意傷害（Malicious wounding）等。

調查他的背景，發現他是「聯合右派」組織的成員，而它是 3K 黨揮下的團體。在被告的住處、網站和電郵中，檢察官收集到證據，說明他是反政府、白種人至上、歧

法治的故事　201

視族裔和宗教「異類」、仇恨移民、崇拜希特勒和納粹意識，並主張在港口設防，邊境築牆，防阻外國人入境。

2017 年 11 月 28 日，法院開庭審判詹姆斯。檢方提出三十多位背景證據和目擊證人。被告的律師辯稱他是「自衛」、「被群眾威脅」等。審判進行一星期，陪審團只用了七小時討論，一致同意被告對全部指控的罪名，都有罪。

法官判詹姆斯無期徒刑，外加四百年徒刑。本案是 Commonwealth of Virginia v. James Fields, Jr., Case No. CR17-276 (2017)。

聯邦法典禁止和處罰「仇恨犯罪」（Hate Crimes），也就是犯罪基於宗教或種族仇恨。18 U.S.C. 247。維州法院的審判結束後，聯邦司法部指派聯邦檢察官調查這件不幸的事件，準備以仇恨犯罪起訴詹姆斯，在聯邦法院中要求判處他死刑。二十一歲的詹姆斯如果不被處死，至少將在維州監獄中終老。

2015 年六月在南卡州查爾斯頓城，白人青年狄倫（Dylann Roof）持槍進入一間教堂，當時有幾位黑人教徒正在聚會。他們歡迎狄倫參加。不料狄倫舉槍掃射，殺死九人。聯邦檢察官以「仇恨犯罪」起訴狄倫，陪審團判他有罪，法官判被告死刑。United States v. Dylann Roof, Criminal No. 215-472-AMG。狄倫是右派種族歧視團體的外圍分子。根據法院展示的證據，他們反對政府，主張迫害境內的少數族裔，並阻止有色的外國人入境。

在關口嚴防，在邊境築城牆。

2018年10月27日，白人男性羅勃‧鮑爾斯（Robert Bowers）在匹茲堡城，進入一間猶太教堂，使用自動步槍殺死十一位教徒，口中高喊：「殺死所有的猶太人」。後來聯邦法院判他死刑。United States v. Robert Bowers, D.C.W. Pa. No. 18-1396 (2018)。

3K黨是美國獨特的文化現象。Ku Klux Klan本意是「白人至上兄弟會」（White Supremacists Brotherhood），1866年成立。南北戰爭由南方軍隊投降後結束。一群叛軍將士結合成立地下組織，繼續他們的理想。1869年國會通過憲法第十四修正案，保障全民（包括黑人）的平等權。反對種族平等的人士便踴躍參加3K黨，從事地下活動，威嚇和殺害黑人和同情黑人的白人。

被執行六十一年的「排華法案」（1882-1943），就是在反「黃禍」風潮下，右派政客的傑作。

二十世紀初期是3K黨最盛的時期，會員遍布南方各州，超過四百萬人。1920年他們在亞特蘭塔城開大會，宣布他們的宗旨是：抵抗中央（聯邦）政府、白人至上，反對黑人、猶太人、天主教徒、摩門教徒、華人、一切有色的族裔、和移民。他們主張，在國內排斥這些人，在邊境建造城牆防阻有色的外國人進入美國。這些是暴力團體一百年不變的信念。

3K黨的跟隨者使用暴力迫害他們仇恨的對象，同時企圖在政治界培植勢力。二十世紀末期，它的影響已幾

法治的故事　203

乎消失。然而隨著社交媒體和資訊傳播的發達，竟有復甦的跡象。前述幾宗槍擊事件，似乎是不幸的象徵。

想不到在美國南部邊界「建築城牆」竟成為今日白宮的使命。

B. 分析

在競選期間，記者問川普的意見，川普回答兩邊都是好人（Both side are fine people）。

即後在競選辯論中，記者問川普對納粹分子的看法，他的回答：「叫他們準備好。」（Let them standby）。

他的態度激勵美國的納粹分子，成為川普激烈的支持者，其後攻擊國會也是這些分子領頭，迄今這些幫派仍然是他的主要支持者。

因為川普同情納粹黨，令拜登十分不滿，使拜登決定競選總統，擊敗川普奪回第 46 任總統職位。

第二章　入境禁令和歷史

A. 案例

3月5日白宮發布「入境禁令」(Travel Ban)，預定3月15日生效。1月25日第一次「禁令」在聯邦法院遭遇挫折後，已被悄悄地撤回(rescinded)。第二次的「禁令」修改了第一次的內容。新「禁令」指定六個中東國家(刪除伊拉克)，並且不再提「多數宗教」和「少數宗教」，避免宗教歧視的嫌疑。命令的內容，增加一段說明，表示這些國家的政府無能，無法有效地過濾(Vexing)和防止恐怖分子，構成選擇六個國家的事實基礎。「禁令」的範圍也縮小，不再包括持有綠卡和有效入境簽證的中東人。所以新「禁令」把失敗的舊禁令，改良了許多。

新「禁令」仍然會被挑戰(夏威夷州已經提訴訟)，但在聯邦法院中通過的機會很強。禁止六個國家的人民進入美國國境，是有法律根據的。然而其根據卻是美國歷史黑暗的一面(1882-1943)。這段六十一年的歷史與華人有密切關係。

中國和美國的來往,始自 1850 年。「鴉片」戰爭和英法聯軍之後,1868 年,美國政府與中國(滿清)簽訂雙邊條約,建立友好的關係(Burlingame Treaty)。兩方同意人民可以自由出入國境,受到與本國公民同等的待遇,甚至有「改變效忠」申請成為對方公民的自由。

在 Burlingame 條約之下,大批華人渡海到美國去「淘金」和打工。橫跨美洲大陸的太平洋鐵路,便由華人赤手空拳協助建成(1865-1869)。

然而好景不長,華人的人口增加,白人便開始嫉恨和排斥,認為他們「危險」、「愚蠢」和「不文明」。1882 年國會制訂「排華法案」(Chinese Exclusion Act),限制華人入境,並嚴厲管制居住在美國的華人。1892 年「基理法案」(Geary Act)把「排華法案」的效力,無限期地延長。更進一步,國會在 1894 年制訂另一套法規,全面禁止華人入境。滿清政府竟然在條約中(Gresham-Yang Treaty)同意美國的禁令。這是美國歷史上單挑一國和一個族裔(a race)的先例。

在美國的華人並沒有接受這些專門對付他們的法律。和今天一樣,他們到法院中去挑戰,主張這些立法違反了 1868 的 Burlingame 條約,又違反了美國憲法(1868 採用的第十四修正案保障平等待遇)。

1882 年到 1884 年,華人向聯邦地方法院提起了七千多件訴訟案,主張他們的平等權。他們贏得了不少有利

判決。見 Yick Wo v. Hopkins, 118 U.S. 356 (1886)；Ho Ah Kow v. Nunan, 12 F. Cas. 252；Chy Lung v. Freeman, 92 U.S. 275 (1875)；United States v. Ah Lung, 124 U.S. 64 (1888)；United States v. Jung

Ah Lung, 124 U.S. 621 (1888) 等。

十九世紀晚期的十幾年之間，美國最高法院處理了超過二十宗華人上訴的案件，大多是挑戰排斥和歧視他們的法律。其中最重要的有 Chew Hyong v. United States, 112 U.S. 536 (1884) 和 United States v. Ju Toy 198 U.S. 251 (1905)。

黃喬（音譯），福州人，1880 年 11 月 17 日由廈門搭船抵達舊金山，後來居住在內華達州（當時是加州一部份）雷諾城（Reno）。他入境時沒有困難，因為受條約保護。

幾年後（1884），6 月 18 日，他從舊金山到檀香山，7 月 10 日再回舊金山，那時夏威夷還是獨立小國，所以他是由外國入境。移民官拒絕他下船，將他扣押。這時「排華法案」已經生效。黃喬不服，從聯邦地方法院開始，一路上訴到華府的最高法院。他主張，「排華法案」違反了 Burlingame 條約，又違反了他的憲法平等權。

最高法院開庭聽證後，於 1884 年 10 月 3 日宣判：黃喬在「排華法案」頒行之前，已在美國合法居留，條約保護他的權利，所以應該讓他入境居住。但是，「排

華法案」沒有違反條約,也沒有違反憲法,因為「行政系統和國會,有全權管理外國人入境,除非官方的抗行觸犯憲法,法院不應該干涉。」

迄 1905 年,最高法院在 Ju Toy 案中講得更清楚:「管理移民是行使主權,法院應該尊重行政系統的決定。」這兩份判決,奠定了「排華法案」的地位,將「排華」合法化;也准許政府對一國人民,或一個族裔,禁止入境。

今日的「入境禁令」可以從這些歷史性的判例,取得合法的地位。

然而「排華」是美國歷史中黑暗的一面。1943 年國會終於立法(Magnuson Act),廢除「排華法案」和相關的法律。同年 10 月 11 日,羅斯福總統說:

「和個人一樣,國家也會犯錯。我們必須有勇氣去承認和糾正我們過去的錯誤。將排華的法律廢除,我們才能夠矯正一項歷史的錯誤。」

"Nations, like individuals, make mistakes. We must be big enough to acknowledge our mistakes of the past and to correct them. By the repeal of Chinese exclusion laws, we can correct a historic mistake."

——President Roosevelt Speech on October 11, 1943.

「入境禁令」也許靠最高法院的歷史判例,可以克服對它的挑戰。但那些卻是在對付中國人的黑暗時代中產生的判例。

英國的名首相邱吉爾曾說:「那些不學歷史教訓的人終將重覆歷史。」
　　"Those who fall to learn history are bound to repeat it."
——Winston Churchill.

B. 分析

　　禁止穆斯林進入美國。

　　2016年白宮採納禁止中東穆斯林進入美國,是政策衝擊法令的例證,各級法院都否決這一項政策。

　　2024年美國大選,右派人士使用羞辱,抵制非白人進入,右派白人的團結,這些口號和政策,都展現種族主義者的心態。

　　建立集中營,大批驅逐西裔入境者,將是政策與法律的抵觸,這種政策不容易超越法律的阻礙。

第三章　言論自由的考驗

A. 案例

美國建國先賢傑佛遜曾說:「言論自由是民主制度的基石。」民主制度的運作靠選舉和投票,欠缺自由思想和政見的表達,便欠缺人民投票時的選項,也就是違反民主的真諦。

1789年制訂的憲法,第一條修正案便保障人民言論自由。但言論自由不是絕對而沒有限制的。犯罪意圖的表達、教唆或煽動犯罪,不是受保護的言論。

政治領袖對聚集的群眾,發表煽動性的演說,引起情緒激動,是不是受憲法保護的言論?考驗言論自由,應該用什麼標準?

一、「清晰而立即的危險」—Dennis v. United States (1951)

1790年代國會曾制訂「反煽動法」處罰反政府的言論。後來法院判那部法律無效。十九世紀一百年中間,美國便不再有控制言論的法律,一直到1917年第一次世界

大戰末期和俄國革命出現共產黨之後,美國國會再制訂「反煽動法」和「間諜法」,預防共產黨和德國人顛覆美國政府。

1918年有五個俄國出生的英國人,在紐約書寫和印製傳單,呼籲人民反對美國在歐洲戰場繼續進行第一次大戰。美國政府將他們拘捕和起訴,法院並判他們各二十年徒刑。罪名是違反「間諜法」——書寫、印製、散發傳單,

企圖影響美國百姓參軍,及反對美國政府在戰時的政策。案名是 Abrams v. United States, 250 U.S. 616 (1919)。

被告阿伯侖(Abrams)被判重刑後,上訴至最高法院,指美國政府起訴和處罰他們,違反聯邦憲法保障的言論自由。

開庭審理之後,最高法院九位法官,七票對二票通過,維持下級法院的原判,確定阿伯侖和另四位被告的徒刑。最高法院認為,「五個被告都是『叛徒』、『革命分子』、『無政府主義者』。他們承認這些行為的意圖,是慫恿青年不要參軍,並譏諷美國總統是懦夫,因為他不干涉正在俄國進行的共產黨革命。」因此下級法院沒有誤判,而「間諜法」也未違憲。

這項判決引發著名的大法官荷姆斯(Justice Holmes)強烈反對。他針對阿伯侖五人散發的兩份傳單,一份譏諷美國總統是懦夫,另一份反對美國參加第一次大戰。荷姆斯這樣寫道:

「語言與後果之間,必須有因果連貫的關係。一個人表達語言,因為他有主觀的意圖。主觀的意圖經過語言,有時會產生必然的後果,但有時不一定產生必然的後果。……法律不能處罰語言的表達,除非語言的後果,必將引起清晰而立即的危險(…clear and present danger.)。」

阿伯侖的兩份傳單,並沒有構成「清晰而立即的危險」,所以荷姆斯大法官認為下級法院不應判他們犯罪。

荷姆斯的反對意見,雖是少數意見而並非最高法院在本案中的判決主旨,卻成為後世所稱譽和遵從的標準,那就是:政府不應阻礙或處罰個人的言論,除非言論表達的結果,必然會產生「清晰而立即的危險」(Whitney v. California, 274 U.S. 357〔1927〕)。

阿伯侖案和同時期類似的幾項判決,受到第一次世界大戰時美國社會恐慌,仇恨德國,恐懼蘇俄的心態的影響。幾年以後,最高法院在一系列的新判例中,理性地採納荷姆斯大法官的標準,「清晰而立即的危險」,成為憲法原則,適用於裁判言論自由的爭訟。

二、「煽動立即的非法行為」—Brandenburg v. Ohio；Texas v. Johnson

甲、「布蘭登堡」案—— Brandenburg v. Ohio (1969)

中年白人克拉倫斯・布蘭登堡(Clarence Brandenbery)

（下稱被告），是俄亥俄州3K黨的頭目。1964年夏天，3K黨徒們聚集，被告上台演說，抱怨「白人被政府和法院歧視和迫害」，這樣下去，「白種人將失去美國」，社會將被「黑人和猶太人霸占」。「如果不使用武力，我們將失去美國」。被告鼓勵群眾，「我們一起到華府去抗議」，並且「拆散這個政府」。媒體傳播他演講的錄音；俄亥俄州的聯邦檢察將他起訴，罪名是「非法煽動」（Incite）群眾，意圖推翻聯邦政府等。

審判後被告被判刑，他上訴到最高法院，指控聯邦政府侵犯他的言論自由。

1969年最高法院宣示判決。法院分析本案的事實，指出被告的言詞雖然偏激，但他並沒有慫恿群眾立刻行動；他沒有指示群眾去攻打聯邦政府。被告只號召聽者，將來到華府去抗議。所以他的語言，雖然可惡，沒有「煽動立即的非法行為」（He did not incite imminent lawlessness.）Brandenburg v. United States, 395 U.S. 144 (1969)。

法院說，如果被告在華府煽動群眾攻擊政府，其言論便不受憲法的保護。

在判詞中，最高法院提到多年實用的標準，即「清晰而立即的危險」，認為被告的言論，也沒有構成立即的危險。不過大法官們委婉地採用了新標準——「煽動立即的非法行為」。

法治的故事　213

乙、「強生」案 —— Texas v. Johnson (1989)

我們將歷史推進二十年,再看「言論自由」的範疇。

1984年美國共和黨在德州達拉斯城舉行全國大會,推舉總統候選人,三萬多人參加大會(雷根正要完成第一任,大會將推舉他競選連任)。會場大廳外的街道上,也有幾千人示威。格拉格・強生(Gregory Johnson)在人群中參加示威。過程中眾人情緒激昂,與維護秩序的警察對峙。強生奪得一面美國國旗,點火燃燒,示威群眾叫囂:「紅白藍色的美國,我們唾棄你」、「美國將墮入地獄」、「雷根是誰?他會將使美國進入第三次大戰」等等。火燒國旗時,沒有人受傷,但有些旁觀者深覺不妥。警察拘捕強生,檢察官指控他觸犯德州刑法。德州的刑法有一條,處罰「損毀或侮辱眾人尊敬的物件」,處徒刑一年,罰金兩千美元。

德州的法院,判強生有罪。於是他上訴,主張德州的法律,違反他的言論自由。

聯邦最高法院面對兩個問題。第一,強生的行為,算不算是「言論」(speech)。第二,如果算是言論,他的言論是不是屬於憲法保障的自由言論範疇之內。

在本案之前,最高法院曾經解決過第一個問題。法院曾判決,手臂上綁黑帶表示反戰,和展示國旗,都算是被保護的言論(Tinker v. Des Moines, 393 U.S. 503〔1969〕)。也就是,歷年以來的判例,已將「言論」擴展到口頭和文字以外,而包括行為的表達。所以強生燃

燒國旗的行為，可以看作他的一種表達方式。

1989年6月，最高法院宣判，德州的法律侵犯了強生的言論自由，違反美國憲法，是無效的法律。

要決定強生燃燒國旗的行為，是不是被保護的言論，必須先要探溯他的行為的意圖。如果他的意圖不只是在毀損國旗，而在於表達一項政治意見，或對公共政策的是非，那麼他的行為便是一種憲法應該保護的言論表達。

最高法院認為強生的表達，意圖是反對美國政府的政策，尤其是發生在競選大會過程中，明顯是一項表達的行為（expressive conduct）。法院指出，燃燒國旗並沒有引起暴動或騷亂，沒有煽動非法的行為，也沒有威脅眾人的身體或生命，沒有「清晰而立即的危險」，也不至於造成「立即的非法結果」（imminent lawlessness）。判詞中有一段話：「憲法所保護的，是人民表達意見的自由，而那意見不一定是美麗動聽，或眾人認為悅耳的；它可能是醜惡而令人起反感的，然而它也是民主社會中應該可自由表達的意見。」（Texas v. Johnson, 491 U.S. 397〔1989〕）

格拉格‧強生的罪刑被撤銷，不坐牢也不繳罰金。他個人對州政府的挑戰，卻撤銷了四十八州法典中保護國旗的法律。

三、言論自由的考驗

2021年1月6日,川普總統召集從各地到華府的數千人,聚集在白宮前聽候總統指揮。在演說中,川普重覆地說:「不能讓他們偷走我的當選」、「不能容許他們強占美國」、「我們到國會中阻止他們算票」、「大家一起去,不可軟弱,必須強硬」;他使用「打」(Fight)至少15次。

群眾接受川普的號召,湧到國會大廈前,於中午12時15分,衝破大門侵入大廈,攻擊警員,阻止議會的運行,並敲擊門窗,破壞物件,侵占議長辦公室,呼喊「吊死副總統」,最後占據大廈六小時,毆打警員一人致死,六十多人受傷。他們喊叫:「總統叫我們來的,」「我們聽從總統的指揮」。

川普的演說,有沒有造成「清晰而立即的危險」和「煽動立即的非法行動」?

如果不受憲法保護,聯邦檢察官可以起訴他,罪名是「煽動(incites)⋯⋯叛亂(insurrection)或阻礙政府執行法律⋯⋯」18 U.S. Code §2384。

與前述三項歷史判例的事實相比,川普的演說是否超越那些案內的事實,而構成「言語」和「後果」之間的因果關係?

2021年1月6日攻擊國會的事件,是「言論自由」的考驗。這位卸任總統是否觸犯法典禁止的「煽動⋯⋯叛亂」,將由法院判斷其演說有沒有超越「言論自由」的範圍。

B. 分析

　　分析「清晰而立即的危險」是區分合法言論或非法暴行的原則，被告克拉倫斯・布蘭登保（Clarence Brandenburg）沒有被判罪，因為他和群眾在俄亥俄州，沒有構成對華府清晰而立即的危險。

　　如果被告布蘭登堡在華盛頓非法鼓動，便超越合法言論的範圍。

　　2020年1月6日川普用言論煽動群眾攻打國會，打死和打傷100多名警員，與當年布蘭登堡言論非常相似，但發生在華盛頓，而且產生實際傷害，便超脫言論自由的保障，而構成清晰而立即的危險。

　　因此這些暴民不受憲法第一條保障。

　　迄今超過1300名已經被法院判罪。

　　川普鼓動暴動也被起訴。

　　2024年11月，川普當選總統，檢察官申請法院暫停對他的起訴，法官接受裁定中止此案（Without Prejudice）。

　　Without Prejudice 中止而不是 With Prejudice 終止。

　　當川普的起訴並沒有終止，將來川普卸任後，法院人可繼續追訴。

第四章　抗議抑判亂：攻擊國會的法律後果

A. 案例

一、背景

川普敗選之後，不肯認輸，到七個州的各級法院去控訴，指稱大選「普遍詐騙」（Wide spread fraud）。六十多件訴狀，因為欠缺證據，先後被各級法院駁回。最高法院兩度拒絕接受川普團隊的上訴。

2021年1月6日，全國各州把選票結果，送給華府的國會，請參眾兩院驗票認可。這是憲法規定的程序。由國會認可確認總統當選人（拜登）的最後一步。

2020年12月中旬，川普經社交媒體（Twitter），通知他的支持者，「明年1月6日在華府見。」

1月6日上午，幾千位川普的支持者，彼此相約，從各地趕到華府，在白宮前面聚集，等待川普，聽候他的指揮。

由他的長子和律師陪同，川普出現在群眾面前，指控大選作弊，偷竊他的當選，阻止他連任，並告訴群眾，「不能容許國會認可『虛假的』選舉結果。」他號召群眾，

「一起到國會前面示威抗議，不可示弱，必須使用強力（with strength）」，阻止國會接受選舉結果。並說：「我會與你們一起在那邊見面。」在演說中，他使用「打」（Fight）至少 15 次。

群眾聽從總統的號召，情緒激昂，集體衝向國會大廈，川普卻溜回白宮，欣賞電視上的現場直播。

二、群眾是何許人？

其實這批人並不是普通的選民。他們來自幾個右派、白人至上、反政府的團體。其中有 3K 黨、「驕傲男子」（Proud Boys）、新納粹主義者、宗教迷信派（Q Group）、分裂主義和無政府主義分子。他們幾乎全是白人。

激昂的群眾中，有人揮舞南北戰爭失敗的南方軍旗，代表 3K 黨和分裂主義；有衣衫上寫 SMNE（Six Million Not Enough）的文字——六百萬人還不夠，他們是新納粹，主張希特勒殺死六百萬猶太人「還不夠」。群眾中也有許多舉川普的小旗，和戴川普的紅帽。

他們是各種異類團體，相互約定，有備而來的暴民。他們擁川普為領袖。

三、暴動

當日下午 12 時 15 分，群眾中有人衝破國會大廈前面的護欄，上台階進入大廈。領頭是「Q」團體的活動分

法治的故事　219

子。這個集團崇拜撒旦,指控美國政府的員工,尤其是民主黨政客,「殺小孩,吃他們的血。」主張推翻美國政府。這種團體,也有不少的信徒。他們相信,川普是美國的救主(Savior)。

　　國會的外圍一旦被突破,大批暴徒湧進大廈,破壞門窗,攻擊警衛,企圖衝入正在開會的參眾兩院的會堂。議員們被迫停止議程,四處躲避逃命。

　　暴徒領袖之一,跑進議長的辦公室,在書桌上留言威脅,並取走議長的信封信紙。眾人攻入議員們的辦公室,破壞桌椅和文件。

　　有人從外,擊碎玻璃窗,跑進大廈;有人在殿堂小便。

　　一群暴徒圍攻警衛人員,打死一位警員。

　　暴徒出入大廈無阻,兩小時後才被驅散。

　　當晚憤怒的國會議員才回到被破壞的會堂,繼續中斷的議程。次晨四時,終於依法通過,認可各州的選舉人票,宣告拜登當選第四十六任總統。

四、法律

　　憲法保障人民的言論和集會示威的自由(第一條修正案),但不保護犯罪意圖的表達、不保護阻礙法律執行、也不保護人民破壞公共或私人財物的自由。

　　兩個人,或多人,相互討論,怎樣集體進行犯法的行為,不是被保護的言論自由,而是犯罪的「陰謀」(Conspiracy)。要求、引導或指示他人犯法,不是言論自由,

而是教唆（Instigation）犯罪和煽動（Incitement）犯罪。

聯邦法典明文規定：「叛亂行為：兩人或眾人，在美國任何州共謀推翻美國政府、或暴力破壞美國政府、⋯⋯或使用暴力，防止、阻礙或延擱美國政府執行法律⋯⋯或竊取或破壞政府的財物⋯⋯應該懲處罰金、或徒刑至二十年，或兩者併罰。」18 U.S. Code 2384；62 Stat. 608。

"Seditious Act: Two or more persons in any State of the United States, conspire to overthrow, put down, or to destroy by force, the Government of the United States…or to oppose or destroy by force the Government…or prevent, hinder or delay the execution of any law of the United States, or by force to seize, take or possess any property of the United States contrary to the authority thereof…shall be fined or subject to imprisonment not more than twenty years, or both."

我們把這條法律，適用到前述的群眾暴行，可以預測這批抗議者，將被拘捕、起訴、審判和判刑，受到重刑處罰。

五、川普的角色

聯邦法典另有一條規定：「任何人煽動、教唆、協助或參與，對美國叛亂或侵害其法律⋯⋯應懲處罰金、或至十年徒刑，或兩者併罰。」18 U.S. Code 2385。

"Whoever incites, instigates, engages in or assists in insurrection against the authority of the United States, or the laws thereof, shall be fined or subject to imprisonment not more than ten years, or both."

川普和他的兒子，當天是否煽動群眾，指示他們阻擾國會的運作，甚至使用暴力（with strength），即法律禁止的「武力」（By force），攻擊國會？

六、能特赦自己嗎？

憲法第二條的文字：「總統有權力，對觸犯聯邦法律的犯罪，頒授大赦和特赦。」

"The President has the power to grant reprieves and pardons for offenses against the United States."

特赦限於聯邦犯罪，不赦免州級和地方犯罪。最高法院曾判決，接受特赦便是承認犯罪。

憲法的文句「to grant」很特別。「To grant」意指「頒授」，即總統對他人頒授特赦。能「頒授」特赦給自己嗎？

如果總統對自己「特赦」，便是承認犯罪。他卸任後，如果聯邦檢察官起訴「煽動叛亂」或其他罪名，特赦能不能抵抗，將由法院決定。如果法院判決總統自己的特赦，無效而應被撤銷，他既已認罪，豈不是就要被法院判刑坐牢呢？

這將是川普特赦自己的風險。

七、結論

那些受鼓動的暴徒,並非無辜的選民。他們是相互策劃,有備而來的反派分子。川普明知他們的宗旨和暴力傾向,而召集他們,並發言指示行動的方向。法律的明文,照透了這件暴亂。

這位第四十五屆美國總統,其臨去秋波,將會害了他自己、他兒子和幫助犯。

B. 分析

參加攻擊國會暴民已陸續被拘捕起訴判罪,鼓動暴動的領袖如前任紐約市長朱尼安里等也被起訴,聯邦特別檢察官也起訴了川普和這些領導。2024 年 11 月,檢察官請法院暫緩對他的審判,法官裁決中止(Without prejudice)其程序。

新總統於 2025 年 1 月就任後立刻將圍攻國會的暴徒全體特赦。但是接受特赦便是承認犯罪。所以川普和被特赦的暴徒在法律下都是永遠待罪的重刑犯「Felon」[51]。

---

51 川普本人是紐約州法院判刑的重刑犯。有罪行犯記錄的人,將無法申請信用卡、銀行貸款、社會福利、政府職位、美國護照、甚至掃街的清道夫。

第五章　壓軸戲：評 Texas v. Pennsylvania, et al (2020)

A. 案例

　　賓州的一些州議員，到法院申訴，要求廢棄賓州的選舉結果。賓州的最高法院將他們的訴訟駁回，批評它「根本無籍」（Fundamentally Frivolous）。這批原告不服，上訴到華府的聯邦最高法院，要求禁制令（Injunction）。12月8日，最高法院下令，拒絕頒發禁制令（Kelly et al v. Pennsylvania, 137 S. Ct. 1444〔Dec. 8, 2020〕）。媒體認為川普企圖推翻選舉的行動到此為止。

　　兩天後（12月10日），德克薩斯州的檢察長，遞狀到聯邦最高法院，控告密西根、賓州、威斯康辛、和喬治亞，要求法院干涉，阻止被告的四州指派選舉人（Electors），12月14日投票給拜登。

　　德州的動作，有18個州聯名支持，一百多位眾議員聯署。川普也向法院提狀「介入」（Intervene），宣稱這將是「好戲」（This is the big one.）

　　本文僅分析德州對四個州（下稱德州案）控訴的始末。

一、德州的書狀

德州向最高法院呈遞的文件,其實並不是「訴狀」（Complaint）。書狀的題目是:「聲請人要求法院批准呈送訴狀」（Petitioner asks for leave to file a Bill of Complaint）。Leave 是批准的意思。也就是,德州連訴狀都沒有機會呈送,而在等候法院的准許,才可開始進行訴訟。

二、德州的理由

書狀既不是正式的訴狀,它只能簡單地陳述原告的理由。其陳述如下:

- 憲法授權給各州的「立法機關」（Legislature）,制定法規辦理選舉。密西根等四個州,任由政府使用行政命令,「非法」變更選舉規程。
- 被告的四個州,偏重民主黨眾多的地區的選票,「不成比率」地壓抑共和黨支持者選票的分量（ratio）。
- 四個州的選務人員,容忍「非法選票」混入計票歷程。基於這些理由,德州要求最高法院開庭聽證。書狀中未主張「詐騙」（Fraud）之類的嚴重指控。對法院不敢說沒有根據的話。

三、訴訟的門檻

訴訟需跨過許多門檻,尤其在最高法院打官司,其

要求非常嚴格。每年有一萬多件聲請,法院只接受不到 150 件的上訴案,准許兩造提呈辯論狀(Briefs),其後開庭聽取兩方的言詞辯論。以下是幾道門檻:

<u>管轄權</u>:法院有沒有法律根據,接受和考慮訴狀。

<u>訴訟理由</u>:訴狀有沒有提出法定理由。譬如:警察沒有搜索狀而搜索民宅違反憲法第四和第十四修正案。

<u>原告的立場</u>:所指稱的事件,與原告有關嗎?有立場(Standing)要求法院干涉嗎?

<u>有無損害?</u>:被告的行為,使原告受到損失,或權利被侵害?

<u>是否應由法院解決?</u>:原告所提的不平或冤屈,是否適合由法院解決?法院不介入「政治問題」(Political Question)。政治問題不適由法院處理(non-judiciable)。

以上條件缺一不可。

四、德州案的瑕疵

自 1803 年以來,最高法院只接受上訴,不進行初審。但憲法第三條規定,最高法院可直接解決「兩州或多州之間的爭執」(controversies between two or more states.)。所以德州夠格要求最高法院干涉(Cohen v. Virginia, 19 U.S. 204〔1821〕)。

兩百多年來,法院處理過的,兩個州之間的爭執,大多源於州與州之間的邊境劃分或河流用水的問題(New Jersey v. New York, 30 U.S. 284 (1921);Kansas v. Colorado, 206 U.S. 46〔1907〕)、或者抗議另一州向河流放送污水(Missouri v. Illinois, 180 U.S. 268〔1901〕)。

這些案件,明顯通過最高法院的門檻:原告有損失、有受損的立場、有訴訟理由(侵犯權利)、而且適合由法院處理和解決。

最高法院曾拒絕一些兩州或數州之間的爭執。例如阿拉巴馬州,使用服刑的囚犯,製造貨品,出賣給本州人民和銷售其他州,那些州不肯接受,紛紛立法禁止。阿拉巴馬州到最高法院去控告阿肯州(Arkansas)等八個州,指它們的立法違反憲法保護的「州際商務」(Interstate Commerce)。最高法院拒絕接受原告的控訴,因為它沒有通過訴訟的門檻。法院裁示:「被告各州自己的立法,原告沒有立場要求本法院干涉或禁止那項立法。」(Alabama v. Arkansas, et al, 294 U.S. 286)。

五、評估德州案

最高法院沒有接受過德州干涉其他各州選務的案件。德州送出的書狀,所列舉的主張,不足以通過法院的門檻,因為德州欠缺損害;被告的四個州沒有侵害德州的權利;德州沒有立場(Standing)去控告它們;並且各州依自己的立法辦理選務,與德州沒有爭執;更重要的,德州不滿其他州的行政規程,是最高法院向來不管的「政治問題」。

六、判決

接到德州的書狀兩天後（12月11日），最高法院頒下判決：「拒絕聲請人 Texas 所要求的許可。因為德州欠缺立場。」（Petitioner's request for leave is denied for lack of standing.） Texas v. Pennsylvania et al, U.S. Supreme Court, Docket No. 20155 (12-11-2020)。

九位法官甚至不肯閱讀德州準備的訴狀。等於將它關閉在法庭的門外。

川普任命了三位新任大法官，自鳴得意，以為他們會幫助。那是幻想。47年前，尼克森總統曾任命四位大法官。然而1974年，最高法院全票通過，逼他提出犯罪證據，毫不留情地指出：「總統不在法律之上。」導致他辭職。United States v. Nixon, 418 U.S. 683 (1974)。

川普的壓軸戲，似乎不精彩。

B. 分析

坐落於七個州的聯邦法院、州法院、縣法院和小法院共60所，100多位法官，分別駁回川普的訴訟。有些法官當庭訓斥他的律師欠缺證據，另有些法官將律師直接移送律師公會取消律師執照。

政治衝撞法律時，法院屹立不搖，這就是法治（The Rule of Law）。

聚眾圍攻國會是意圖破壞法治的壓軸戲。

第六章　婦女的自主權：從「得」（Roe v. Wade, 1973）到「失」（Dobbs v. Jackson, 2022）

A. 案例

一、密西西比州新法律

2018 年 3 月，密西西比州頒布一道法律，指定婦女懷孕十五星期之後，不准墮胎；法律規定刑事處罰女子與主治醫師，如果她們在規定期限之外墮胎。

二、挑戰

密州的法律頒布後，在傑克森城（Jackson）的婦女團體，舉狀到聯邦法院，指明湯馬斯達布斯（Thomas Dobbs）和肯尼克里夫蘭（Kenneth Cleveland）為被告；原告 Jackson Women's Health Organization（下稱 Jackson）主張，密州的新法律違反美國憲法，應該無效。

被告達布斯（Dobbs）和克里夫蘭是密州政府的公共衛生主管，所以 Jackson 通過他們，挑戰州政府。在聯邦法院中，密州反駁，主張胚胎（Fetus）在母體中十五星期，已經有獨立的生命力（Viability），所以州政府有權

力保護嬰兒的生命。

原告 Jackson 則主張，胎兒在母體中需經過二十四星期才有生命力。原告援引最高法院的判例，它明白界定二十四星期的標準。在期限之內，母親有打胎的自主權，州政府不得禁止或處罰。

原告的根據，是 1973 年最高法院的著名判例 Roe v. Wade, 410 U.S. 113 (1973)。

三、聯邦法院

聯邦法院開庭聽取兩方的辯論之後，判決原告 Jackson 勝訴，宣判密州的新法律無效。

密州政府不服，上訴到聯邦高等法院。三位法官合議庭審理，全票同意，維持原判（Ct. App. 5th Cir. 19-60455）。

於是敗訴的密州，上訴到華府的聯邦最高法院。

四、最高法院

2020 年 12 月，最高法院九位法官開庭聽證，2022 年 6 月 24 日宣判。九位法官以 6：3 的投票，推翻兩級次等法院的原判，改判密州勝訴，恢復密州法律的效力。

從此美國婦女們失去了墮胎的自主權。Dobbs v. Jackson Women's Health Organization, 19-1392（624-2022）。

最高法院推翻了歷經 49 年的判例 Roe v. Wade，也就一舉撤銷了婦女對自己身體的自主權，而須服從各州的

地方政府自行立法界定女子的權利。

畢竟 Roe v. Wade 曾經怎樣保護全國婦女們的權利？

今天的最高法院依據什麼理由推翻這宗老判例？

Dobbs 案的推理，會不會影響美國老百姓其他的憲法權利？

五、歷史

古代的希臘和羅馬帝國並不禁止婦女墮胎。偶然引發的爭執，是胎兒的父親主張他的父權被侵犯。羅馬法典中沒有禁止墮胎的條文。

美國十三州殖民地從英國傳衍過來的一般法律（所謂的「普通法（Common Law）」）也沒有禁止婦女墮胎。有些州的法院認為當胎兒在母親體內已開始有動作（Quickening）時，才成為獨立的生命（大約懷孕後十六個星期起）；謀殺孕婦構成一屍兩命。如果嬰兒已超過「動作」的時間點，便構成兩件命案，也就是雙重謀殺。這些案例雖然順便界定胎兒的生命的開始，卻並沒有清楚地禁止婦女墮胎。

單獨禁止婦女墮胎的法律，在十九世紀末期逐漸出現在各州的刑法法典中。到 1900 年，幾乎每一州都已制訂相似的法律。

1894 年，德克薩斯州制訂法律，明文禁止婦女墮胎。唯一的例外，是母親受重傷，拯救她生命時取出腹內的胎兒。任何其他情況，婦女墮胎都是重罪。

這種法律的意識基礎，部分是宗教，基督教會認為生命從受胎的一刻，已經開始。另一部分，則是優生學和保持白人的人種。再一部分，卻是大男人主義，認為婦女的天職是生兒育女，應當留在家庭中替男人服務。

六、家庭節育計劃

1960 年初，藥廠發明有效而安全的避孕器和避孕藥，美國政府的衛生機構，准許在藥房售賣，間接地協助已經在澎湃中的女權運動。婦女們開始注意到禁止墮胎的法律的弊病。

在康乃狄克州新赫芬城，也是耶魯大學校園所在地，1961 年 11 月 1 日開設一家「家庭計劃」中心，主持人是位女子，名叫艾斯特‧格利斯伍（Estelle Griswold）。這家「中心」出售避孕藥品和器具給已婚的夫婦。同年 11 月 10 日，只經營十天，康州警察將她拘捕，檢察官起訴她，並勒令停業。

康州的刑法典明文禁止使用藥品或其他方法，協助已婚夫婦避孕。這條法律存在於法典中已一百四十多年（1821 年制訂）。犯法的人面對一百美元罰金，和六個月徒刑。

康州檢察官起訴艾斯特，當地法院判她有罪。於是她一路上訴到聯邦最高法院。她主張，這條法律違反了已婚夫婦之間的隱私權，以及憲法第十四修正案保障人民的「身體」和「自由」權的文字。

七、隱私權

1965年6月7日，最高法院宣判，康乃狄克州禁止分配避孕藥品給已婚婦女使用的法律，違反美國憲法，是無效的法律。最高法院撤銷康州地方法院的原判，案名是 Griswold v. Connecticut, 381 U.S. 479 (1965)。

最高法院的判詞指出，夫妻兩人對於要不要生育兒女，是婚姻中最隱密的私人選擇。康州的法律，干預了「結婚的隱私權」（Right to marital privacy），違反美國憲法對人民的保護。

「格利斯伍」案是美國有史以來第一次最高法院確認憲法保護「結婚的隱私權」。關鍵詞句是「隱私權」（Right to privacy），因為憲法的明文，並沒有「私人權」的文字，但憲法文字中使用「人身」（person）和「自由」許多次。那不是「隱私」和「自主」權的意思嗎？

我們運用邏輯來思考這項發展。雖然法院承認憲法保護兩性之間的「隱私權」，儘管侷限於結婚的家庭關係，如果不在婚姻狀況中，難道婦女便沒有「私人權」嗎？

其實「格利斯伍」案打開一條門縫；接著來的挑戰，將把婦女「隱私權」的大門打開。

八、更上一層樓

七年之後，最高法院在另一件上訴案中，判決憲法保障的「平等」權，適用於婦女避孕的爭執中：已婚的

婦女對懷孕的選擇，既有「隱私權」，未婚女子與男子伴侶之間，對於是否避孕，也應該平等地享受「隱私權」。Eisenstaedt v. Baird, 405 U.S. 438 (1972)。

德克薩斯州達拉斯市民諾瑪・麥苛維（Norma McCorvey），單身女士，1969 年受孕，希望將胎兒除掉。麥苛維小姐走訪幾間診所，醫護人員婉拒她的要求，因為德州的刑法，界定墮胎是犯罪的行為。

麥苛維小姐曾考慮黑市墮胎，發現地下墮胎行業，骯髒可怕，不敢嘗試。朋友介紹她兩位女律師，都是女權運動者。她們替麥苛維小姐挑戰德州的法律。為保護麥苛維小姐的隱密以免遭反墮胎的人士的騷擾，便使用假名「珍・柔」（Jane Roe）進行訴訟。

「珍・柔」的訴訟，主張德州禁止墮胎的法律，違反她憲法所保護的「隱私權」，應該無效。1973 年聯邦最高法院接受和考慮她的上訴。那時麥苛維（珍・柔）沒有墮胎而順利出生的孩子，已經快四歲。

Roe 的挑戰，要求法院將「隱私權」更進一步。在這之前，「隱私權」已經及於，但它僅僅限於使用避孕方法節育的選擇自由。法院現在面對的德州法律，卻明文禁止墮胎。墮胎牽涉到胚胎的小生命，引起嚴重的道德關注。

經過兩次開庭審理，聆聽多方面的辯論和閱讀幾百件贊成或反對的書狀，最高法院在 1973 年初判決，美國憲法保護婦女對自己身體的自由選擇，婦女享受憲法保

障的「隱私權」，因此各級政府不得制訂或執行法律，干涉她們懷孕的六個月之內，對體內胎兒的選擇；各州而且不得處罰協助婦女墮胎的醫師或診所。案名為 Roe v. Wade, 410 U.S. 113 (1973)。

九、Roe 的判決

最高法院的判詞長達二百四十頁，本案是二十世紀後期最受爭執的判例。它給全國婦女自由選擇她們的生育機會；它將各種禁止墮胎的法律，一筆勾銷。

十、Roe v. Wade 的規定

Roe v. Wade 規定，婦女們對她們自己的身體，持有憲法保護的「隱私權」（Right to privacy）。因此，懷胎或墮胎，基本上是婦女的選擇，各級政府不准干涉。然而母體懷孕九個月到足月生產，在九個月中間，胎兒在母親腹中成長。到某一定點，胎兒開始有獨力生存的能力。這時他們會成長為獨立的生命。那成為生命的轉捩點是何時呢？

最高法院決定，母體懷孕九個月，應分隔為三期，也就是，每三個月算一期。懷胎初期的三個月，胚胎還沒有生命力（viability），只是母親身體內的一塊肉。第二個三月期，胚胎成長為胎兒，開始有生命力。到六個月以後，即三期中的第三段，胎兒已經有單獨生存的能力。

根據這項分析，在婦女懷孕的第一期，即頭十二星

期到二十四星期,她們對體內胚胎的處分,有自主權,而政府不准用法律或執行法律的手段,去干涉她們的選擇權。

滿第六個月以後,也就是第三個三期,既然胎兒已有生命力,母親的選擇權便相對地減低。政府可以用法律限制或禁止墮胎。

至於懷孕的中期,也就是第四個月開始直到第六個月為止,母親的選擇權又如何?

最高法院決定,母親的選擇權和胎兒的生命力,相互競爭。為了保護兩方,最高法院認為,除非繼續懷胎對母親的身體有害或生命有威脅,政府可以禁止她們墮胎。也就是,唯有在不得已的情況,為保護母親的生命或健康,墮胎才可以被界定是合法的。

Roe v. Wade 並沒有全面開放墮胎。

十一、Dobbs v. Jackson

現在最高法院怎樣處理密西西比州的新法律?下級法院的爭點,是十五個星期還是二十四個星期;也就是,婦女懷孕到何時可以墮胎。在 Roe v. Wade 的匡架之下,密州的過早干涉婦女的自主權。

最高法院可以在「幾星期」的爭點上做決定;它可以修改 Roe 的規定,准許州政府提早禁止墮胎而維持 Roe 的效力。

然而法院採用「大刀闊斧」的手筆,一舉推翻了

Roe v. Wade 這項 49 年的前例。

最高法院「斧底抽薪」地宣判：有些人權受到憲法的保護，雖然欠缺憲法中的明文規定，但這些權利根據「歷史根源和傳統」（Based on historical origin and Tradition）。相反的，婦女對身體的「自主權」或「隱私權」（The Right to privacy），卻不存在於美國的歷史根源和傳統中。

欠缺了這項基礎，婦女便欠缺了憲法根據，也就沒有隱私權去保護她們的自主。如此便推翻了 Roe v. Wade。

十二、Dobbs 的影響

處理墮胎的問題，法院可以使用嚴謹的文字，局部地更正下級法院的判決：譬如把「二十四星期」改成「十五星期」。最高法院卻使用寬闊的詞句和理由，把婦女對自己身體的自主權，一舉撤銷。因為隱私權沒有「歷史根源和傳統」，所以便根本沒有憲法保障的隱私權。

使用「歷史」和「傳統」作憲法權利的基礎，對許多其他現在的權利，將發生影響。

1789 年制訂的美國憲法，共 4543 字。兩百多年之後的今天，當然有文字的欠缺。憲法明文，最明顯的例子，文字只提「男人」（men），未提婦女。

第 4 條修正案中，使用「person」和「liberty」等文字，第 14 條修正案中，規定「due process」和「equal protection」。

但憲法未見「隱私」（privacy）的字句。難道「婦女」便沒有「私人」的自主權嗎？

從上述的歷史判例中，可看到最高法院使用判詞和判例，逐步發展演繹出保護婦女「隱私權」的觀念。

然而 Dobbs 否定了這項權利，也撤銷了婦女們對自己身體的自主權——因為「私人」（privacy）欠缺「歷史根源和傳統」，所以不能解釋為憲法的意旨。

Dobbs 的判詞，將影響現存的憲法權利。下列的社會關係可能喪失憲法的者保護：家庭節育（避孕藥品的分配和使用）：Griswold v. Connecticut (1965)；同性戀結婚：Lawrence v. Texas (2003)；異族通婚：Loving v. Virginia (1965)。這些判例的基礎，都是沒有明文憲法規定的「隱私」權。

「葉落知秋」這些權利可能在「切板」之上（On the chopping board）。

B. 分析

1972 年，最高法院以七對二決定，婦女有墮胎的自主權，准許可以自由墮胎，其根據是隱私權（Privacy）。（Roe v. Wade 隱私權）

50 年後，最高法院以六對三，推翻這項前例，Dobbs 案。最高法院理由，隱私權沒有明文寫在憲法中，

所以可以推翻這項前例,可是很多前例,都沒有憲法明文規定,而是從其他文字演繹而出:例如婦女避孕權利、同性戀結婚、政府拆開私人郵件。憲法甚至沒有提及女人,只有提及男人(men),難道女子沒有投票或其他平等權利嗎?

如果沒有明文規定隱私權(The Right to Privacy)的保護,最高法院也可推翻其他前例,所以本案的影響很長遠。

最高法院頒布此案後,許多州都開始立法,嚴禁婦女墮胎:德州、路易斯安那州甚至對墮胎婦女處死刑。

美國的婦女團體,反對這項判例,認為對婦女是不公平的,有些州,例如堪薩斯,選民公投,在州的憲法裡,註明墮胎是合法的。

本案對民情的影響,仍在持續中。

第七章　孩子們的公民身分可以被取消嗎？

United States v. Wong Kim Ark

A. 案例

在美國境內出生的小孩，便是美國公民。取得公民身分的權利，稱為「公民出生權」（Birthright to Citizenship）（憲法第十四修正案）。

最近川普總統宣布，他將運用行政命令，取銷這項權利，因為「非法入境的外國人，在境內生產的兒童竟然成為美國公民，太荒謬了。」「全世界沒有其他國家這樣做。」（2024 年 10 月 22 日和 10 月 31 日演說）。

孩子們的公民身分，將被取銷嗎？

其實川普說「全世界」沒有其他國家，對本土出生的嬰兒提供公民身分，並不太離譜。這些國家大都在中、南美洲，譬如巴西、委內瑞拉、墨西哥等等。北美洲加拿大的法律，要求至少嬰兒的父母有一位是加拿大公民，他們的孩子才可取得公民身分。歐洲國家也都有限制：法國要求小孩成年時才准申請公民身分。

所以美國的「自然出生的公民權」相當獨特。這項規定却有歷史淵源，更受到華人在法院中抗爭的影響。

一、歷史

早期美國法律承襲英國傳統，稱為「普通法」（Common Law）。根據普通法，在當地出生的小孩，算是當地的人。但英國傳統保護貴族；英國紳士淑女在印度（殖民地）生產的孩子，他們不願當他是印度人，而當然堅持算是英國人。所以究竟是以出生地為憑，還是以父母的國籍為主，沒有定論。

美國從英國獨立以後，對公民權（Citizenship）也沒有定論。十九世紀初期，有些州的法院，遭遇「公民權」的問題，開始作下一些判決。最早的判例，1884年出現在紐約州。在 Lynch v. Clarke (1884) 一案中，紐約州最高法院主張「公民籍」是國家的問題（a national issue），不是州級和地方政府可以解決的問題。法院援引憲法起草人之一麥迪遜（James Madison）的話，認為「凡在美國自然出生的人，都是美國公民」。從這宗判例我們看到「自然出生」（natural-born）的詞彙。

聯邦最高法院第一次談到「自然出生」時，曾經說：1779年通過的憲法本文共七條，但沒有明文規定自然出生在美國的人就是公民，「因為我們的建國先賢（Founding Fathers）不願讓黑奴的子女，成為公民。」

法院的判詞中又說：「黑奴不可有公民身分；一旦成為公民，他們會要求投票權，可能擁有財產、擔任公職、行政官、陪審員、進而成為法官，競選州長、議員、甚至總統。我們不能接受這種前景。」Scott v. Sanford, 60 U.S. 193 (1857)，這是有名的史考特案。

史考特案是促成南北戰爭的一項因素。

南北戰爭結束（1860-64），南方失敗，黑奴制被廢除，黑奴被解放。國會於 1868 年制定第十四條修正案，補充憲法原文，經全國各州同意列入憲法。修正案第一段便明文規定：「凡出生在美國而接受其管轄的人，都是美國公民……」（All persons born…in the United States, and subject to the jurisdiction thereof, are citizens of the United States.）

二、法院判決

憲法條文的意義和執行，須經過法院的解釋和執行，成為全國遵循的法律。而這些關於「出生權」的判決，大都是華人爭取出來。

a. 盧定新案

華人在 1849 之後開始進入美國，1860 到 1870 之間，數目劇增（淘金、開店、經商和建築鐵路）。他們的下一代，很多在這些年代出生。孩子們既不是移民，也不

是外國人（aliens），更不是白人，他們的法律地位，是怎樣的呢？

盧定新 Look Ting Sing 便是其中一位第二代華人。1870 年，他出生於加州一座小城（Mendocino），父母早年到美國，參加太平洋鐵路的工程。當他九歲時隨父母回中國，父母便定居在家鄉。1884 年，也就是他十五歲時，他隻身搭輪船到美國，於 9 月 27 日抵舊金山。

碼頭官員上船，檢驗旅客，發現他沒有身分證明（居留證 Certificate of Residence），不准他下船，命令船長將他扣留在船上。美國沒有身分證這種制度，惟獨勒令華人持「居留證」。

盧定新有親友在碼頭上等候他，知情後便奔走幫助，替他向聯邦法院申請「人身保釋令」（Writ of Habeas Corpus）。

接到申請後，法官傳他到法庭接受審問，了解他是在美國出生的華人孩子。這時外國人在美國出生的孩子，應該取得何種身分，法律還不清楚。雖然憲法中有文字，連聯邦法院也是首次遇到這種情形。

聯邦法官考慮 Look Ting Sing 的情形後，決定承認他是美國公民。但達到這個結論，必須解釋第十四修正案的意義。法官在判詞中，討論英國「普通法」的傳統，認為「出生權」是「屬地主義」（Jus Joli）──小孩出生地為憑，出生在美國，應該是美國公民。條文中的另

一段文字——「……接受其管轄——意思是：承擔做公民的義務，享受其權利，就是接受法院的管轄。」

兩年以前（1882）國會已通過「排華法案」，多方排斥和歧視在境內的華人，並禁止華工入境。

法官決定，「排華法案」不適用於公民，所以「居留證」與他們無關。法官命令船長和碼頭官員立刻放人。本案為 In re Look Ting Sing, 21 F. 905 (1884)。

「盧定新」案是初級聯邦法院的判決，也是第一宗關於「公民籍」的聯邦判例。對於外國父母生產在美國孩子們的身分，它奠定了解釋的基礎。

b. 王金德案

處理盧定新的法院，是聯邦地方法院，它的判決，對盧定新和當時的海關官員有拘束力，但還沒有成為全國遵守的判例。它的邏輯却有影響，並且因為它是先例，最高法院也會參考。

十四年以後，聯邦最高法院作下進一步的判決。

華人王金德於1873年出生於舊金山，父母來自中國，都沒有美國公民身分。王金德於十七歲時，坐船回到廣東家鄉，居住六個月後再來美國。在加州登岸時，出示英文的出生紙，移民官員接受他是美國公民，讓他入口。王金德在舊金山一家餐館工作，四年後（1894）他再旅行到中國，重回美國時，移民官不承認他是公民，拒絕

他入境，並將他監禁，準備遣送他回中國。

王金德的家人為關在拘留所的他，雇請律師向聯邦地方法院聲訴。聯邦地方法院裁決，他是美國公民，命令移民局釋放王金德。移民局不服，一路上訴到聯邦最高法院。

移民官員指出，王金德雖在美國出生，却是「內心忠於大清國」，況且他的父母也是大清國子民，所以第十四修正案不適用於他的狀況。

1898年聯邦最高法院宣判：「王金德在出生時已取得美國公民身分，迄今尚未犯任何過錯喪失他的公民籍。」法院又說：「王金德的父母不是美國公民，不影響他從出生時已取得的公民權。」本案為 United States v. Wong Kim Ark, 169 U.S. 649 (1898)。

「王金德」案拘束全美國，對將來在美國出生，而父母是合法或非法移民的孩子們，貢獻是無限的。不論非裔、西裔或華裔，他們都受到這份判詞的保護。

王金德有四個兒子，其中三位（王郁賜、王沃修、王沃沾）出生於美國，都當然成為美國公民。他的長子王毓煥，出生在廣東，申請入籍時遭移民局駁回，因為當時滿清政府頒發的文件模糊，美國官員認為不足以證明他們的血親關係。

「盧定新」和「王金德」兩案不僅幫助華裔移民的後代，也是「公民籍出生權」的重要判例。1939年女

子瑪麗‧愛爾格（Marie Elg）被移民官撤銷她的美國公民籍，因為她的父母在生育她之後，不到一歲便帶嬰兒回到原來的祖國瑞典（Perkins v. Elg, 307 U.S. 326〔1939〕）；1967年美籍猶太人回到以色列定居，並且投票，後來遭移民局取消他的公民籍（Afroyim v. Rusk, 387 U.S. 253〔1968〕）。最高法院都命令恢復他們的公民籍，判詞皆援引「王金德」判例。

三、結論

憲法第十四修正案，和歷年的最高法院判決，都確定「公民籍的出生權」。也就是：出生在美國的孩子們，不論父母親的身分，都是美國公民。修改憲法是不容易的事（見憲法第五條──參眾院三分之二同意；全國四分之三州同意），改變第十四修正案幾乎不可能。總統使用行政命令改寫憲法？似乎欠缺法律常識。而不被一般注意的，華人子女促成了美國憲法史上最先而屹立不搖的判例。

B. 分析

2025年白宮頒發行政命令取消外國人小孩公民權。18州的檢察長立刻到法院請法院審核這道命令。法院開庭審訊之後，法官宣判這道命令無效，因為它違反美國

憲法明文規定和最高法院判決先例。

法官並當庭指責白宮律師「無知」故意忽略憲法的明文規定和百年來最高法院的前例，應該受處罰。Citizens v. Trump U.S. District Court, Seatle（Jan. 24, 2025）。

最高法院在 Dobbs case（婦女自主權）中主張，憲法上沒有文字的前例，可以被推翻。

但是兒童的出生公民權，明明白白寫在憲法中，所以取消這幾宗華人奮鬥出來的前例，不太可能。

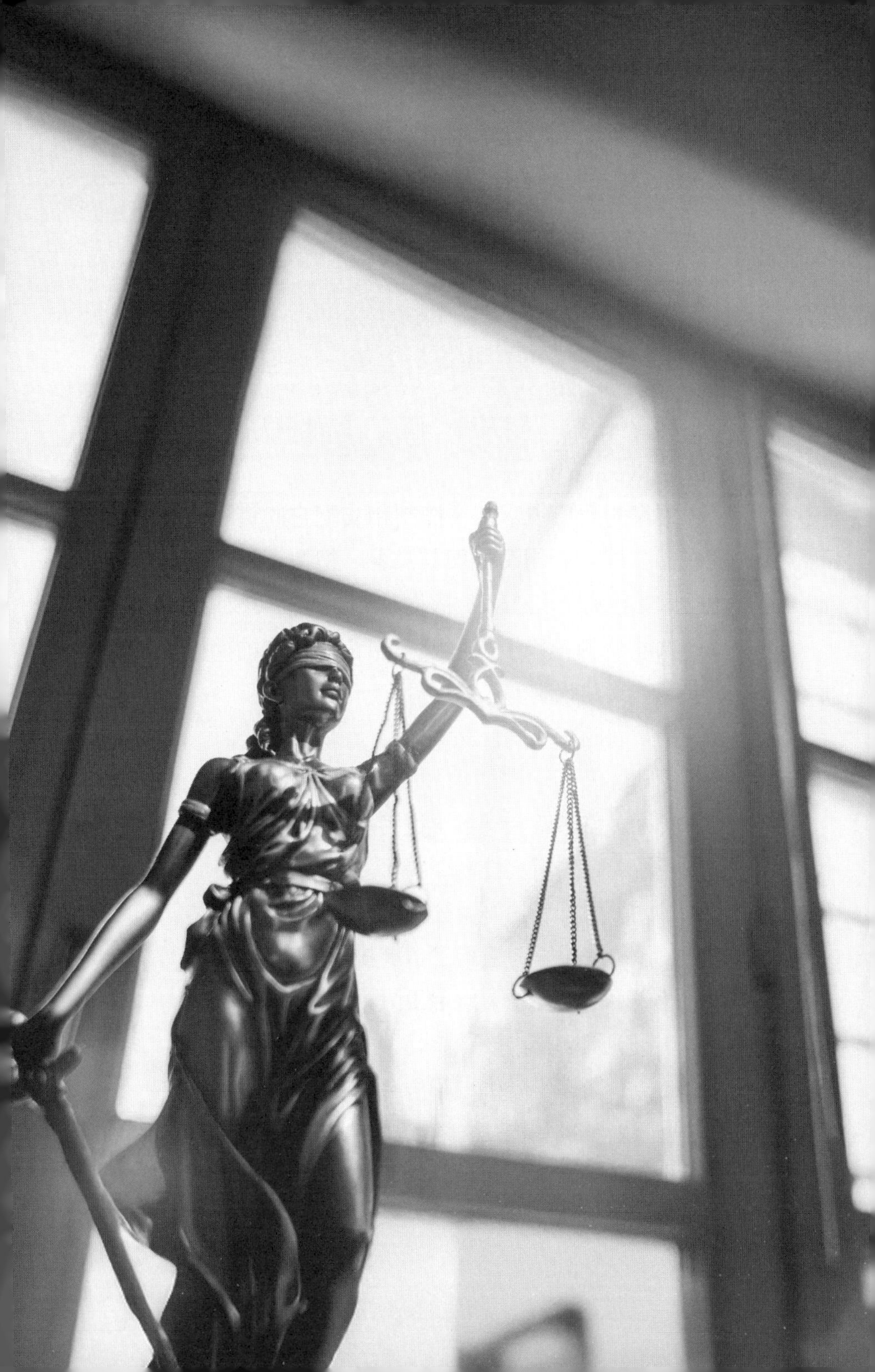

觀察　獨裁政制的配方

林肯曾說：「要考驗一個人，給他權力。」（To test a man, give him power.）

國家的政府，掌握、控制和支配它的資源、財產和國庫。掌控政府的領袖與其黨羽，把持不放、據政府資源財庫為己有，強迫人民服從其命令，便形成獨裁政制。

共產蘇聯、普丁的俄國、和希特勒的納粹德國，便是典型的獨裁政制。

獨裁政制有下列特點：

（甲）首領帶領一群跟從者組成的集團。
（乙）運用特務控制軍警。
（丙）壓抑或消滅反對黨或反抗者。
（丁）使用官方宣傳管道，排除異議。
（戊）運用司法為統治工具、或廢除法院。
（己）迫害國內少數族裔。
（庚）製造國際仇敵和危機。

獨裁者的來源，有世襲的君主（如沙烏地阿拉伯）；

有經過政變奪權（如中南美洲國家）；有利用人民革命（如蘇聯）；有從政府內部浮出（如俄國的普丁）；也有由民主政治選出後變質者（如希特勒和今日匈牙利的歐邦〔Viktor Orban〕）。

　　這些政制各有法典，而且有許多法律。法律是獨裁者控制和鎮壓人民的利器。

　　它們的法律是一面倒，由上向下，單向的工具。

　　「把權力給多數人，他們將用它壓迫少數人；把權力給少數人，他們將用它迫害多數人。法治才是安全保障。」

──亞歷山大・漢彌爾頓

結語 「法治」

在基本大法（憲法）之下，政權與民權是「雙向」的關係。政府循法律規範老百姓的行為，處理他們之間的互動與磨擦，人民遵循法律，可以抗拒或約束政府的權力。政府與老百姓間的矛盾和爭執，由中立而獨立的第三者——法院,評斷解決。評判處理的基礎，是憲法和法律。

「法院判決了算數」；今日不服，就找法定理由，下回再試。

穩定的體制的前提，多數的人對憲法和法律，「有恆久不變的尊敬⋯⋯而前者衍生後者。」（...An inviolable respect for the Constitution and Law, the first grown to the last.）（漢彌爾頓）

「政府會演變，激情會起伏，熱情會消長，但法律原則保持一條穩定不移的路線。」（亞當斯）

實現這些價值的政制，就有「法治」。

後語

少年時初學法律（台灣大學，LL.B），青年時研習法學（哈佛 Harvard JD，康乃爾 Cornell JSD），西方政治哲學（康乃爾 Cornell PHD），成年時講授法學（台大、輔仁、東吳、美國紐約州立大學 SUNY），中年時主持訓練美國政府律師（DOJ, LEI），壯年後職業律師（DC 和 NY Bar、華府巨型事務所 Senior Partner, SNR），凡 62 年。

本書是我的心得。

本書由兩國三地協力完成。感謝張發行人寶琴女士，周總編昭翡女士，林編輯劭璜小姐（台北）。也感謝何麗慧女士協力撰寫（華府）和黃筱雯小姐（台北）精準打字。

Took me 10 years to complete this work.

也感謝讀者的支持。

陶龍生　於拉斯維加斯

作者簡歷和著作表

陶龍生律師是美國主流律師事務所（1400律師）的資深合夥人。陶律師從國立臺灣大學和美國哈佛大學法學院獲得法律學位。另外，他還在康乃爾大學取得法學博士JSD和哲學博士Ph.D.學位。

陶博士有三十多年的執業經驗。他曾在國立臺灣大學和紐約州立大學擔任法學教授，在哈佛大學和康乃爾大學擔任高級研究員，在美國司法部任政府律師、教育署署長。

陶律師的業務主要集中在為高科技公司（許多是亞洲公司）在聯邦法院、美國國際貿易委員會（ITC）和美國商務部（有關反傾銷）的訴訟中提供防禦，協助美國公司在亞洲的業務（主要是美國的上市公司，例如時代華納、花旗銀行、米高梅電影公司和大型賭場娛樂公司等）和為美國公司的各種法律問題提供諮詢意見。

陶博士在美國、英國、德國和臺灣發表了多篇學術論文，還出版十多本中文著作包括數部法庭小說。美國最高法院在格萊葛對喬治亞州（Gregg v. Georgia）一案中援引了他的著述，一些法學課本也引用他的論著。他

贏得的許多褒獎包括「十大傑出美國青年」、「傑出亞裔美國人五十強」、「千禧名人」（Who's who in Millennium）和最佳文藝著作獎等。

陶律師經手的案件無數，其中一件是1988年12月21日發生的汎美航空103號班機洛克比空難，這起空難造成。243人死亡，是歷來最嚴重的空中爆炸事件之一。陶龍生律師團隊代表其中40位美國大學生的家屬，克服法律程序和跨海採證的困難，歷經13年，成功追訴利比亞政府，逼使時任國家領導人格達費公開道歉，並支付總額高達US＄2.43 billions的賠償金（台幣800多億），分配給243位遇難旅客的家屬，成為航空災難史上最大規模的賠償案例。

本書作者著作表

中文書籍
刑法之理論與實際（三民書局）。
中美關係與中國前途（與陶希聖合著。食貨出版社）。
美國政治與外交政策（商務印書館）。
留學與中國社會（學生書局）。
美國法律與移民指南（食貨出版社）。
證據（聯合文學長篇小說）。
拉斯維加斯的春天（聯合文學長篇小說）。
轉捩點（聯合文學長篇小說）。

沉冤（聯合文學長篇小說）。
合理的懷疑（聯合文學長篇小說）。
判決（聯合文學長篇小說）。
共謀者（聯合文學長篇小說）。
小人物的呻吟——美國憲法的故事（聯合文學長篇小說、中國政法大學出版社）。
雙城之謎（聯合文學長篇小說）。
弱者的抗爭簡體版（中國政法大學）。
善與惡（聯合文學法庭故事）。
善與惡簡體版（中國政法大學）。
曲與直（聯合文學法庭故事）。
華人與美國法律（聯合文學法庭故事）。
點滴看潮流（聯合文學法庭故事）。
律政浮雲（聯合文學法庭故事）。
法治的故事（聯合文學法庭故事）。

乙、英文書籍

國民政府對駐華美軍的刑事管轄權（哈佛大學出版）。
中共刑法研究（喬治城大學出版）。

丙、中英德文論文

數十篇載於：康乃爾大學法律學報、賓州大學法律學報、美國政治學會季刊、美國亞洲研究季刊、美國比較法學季刊、喬治城法律學報、愛荷華大學法律學報、底特律

大學法律學報、聖母大學法律學報、韋恩大學法律學報、波士頓大學法律學報、維吉尼亞大學國際季刊、英國國際法學會季刊、德國亞洲法律學刊、紐約法律評論、台灣法學叢刊、台大法學季刊、輔仁大學法學季刊、中央研究院美國研究等。

曾在下列法院辦案：

◎美國國內
 In the United States

1. 首都聯邦地方法院
 U.S. District Court for the District of Columbia（Washington D.C.）
2. 紐約聯邦地方法院
 U.S. District Court for Southern District of New York（New York）
 US. District Court for Eastern District of New York （New York）
3. 馬利蘭州聯邦地方法院
 U.S. District Court for District of Maryland（Baltimore, Md.）
4. 加州北區聯邦地方法院
 U.S. District Court for Northern District of California

（Oakland, Cal.）

5. 加州中區聯邦地方法院

   U.S. District Court for Central District of California（Los Angeles, Cal.）

6. 德州南區聯邦地方法院

   U.S. District Court for Southern District of Texas（San Antonio, Texas）

7. 維吉尼亞州東區聯邦地方法院

   U.S. District Court for Eastern District of Virginia（Alexandria, Virginia）

8. 首都聯邦高等法院（專利訴訟）

   U.S. Circuit Court of Appeals for Federal Circuit（Washington D.C.）

9. 首都聯邦高等法院（一般上訴案）

   U.S. Circuit Court of Appeals for District of Columbia（Washington D.C.）

10. 第四巡迴區聯邦高等法院（維州里奇蒙市）

    U.S. Circuit Court of Appeals for Fourth Circuit（Richmond, Virginia）

11. 德拉瓦州聯邦地方法院

    U.S. District Court for District of Delaware（Wilmington, Delaware）

12. 聯邦國際貿易委員會（專利訴訟）

    U.S. International Trade Commission（Washington D.C.）

法治的故事

13. 聯邦契約上訴庭（政府契約訴訟）

U.S. Board of Contract Appeals（Washington D.C.）

14. 聯邦移民上訴法院

U.S. Immigration Court of Appeals（Washington D.C.）

15. 聯邦移民法庭

U.S. Immigration District Court（Pittsburgh, Pennsylvania）

◎美國國外

Outside of United States

1. 巴黎商務法院

Paris Commercial Court（Paris, France）

2. 台北地方法院

Taipei District Court（Taipei, Taiwan）

3. 台中地方法院

Taichung District Court（Taichung, Taiwan）

4. 台灣高等法院

Taiwan High Court（Taipei, Taiwan）

5. 北京人民地方法院

Beijing People's District Court（Beijing, China）

6. 廣州人民地方法院

Guangzhou People's District Court（Guangzhou, China）

陶龍生的律師執業證書與學位證書

律師職業證書。美國哥倫比亞特區聯邦地方法院出庭許可。

律師執業證書。美國聯邦巡迴上訴法院出庭許可。可在全國任何法院出庭。

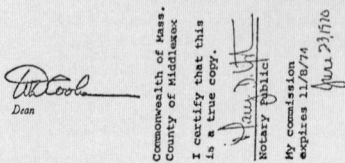

哈佛大學法學學位證書。1966年。（日後改制即為今日的 J.D.）。

康乃爾大學哲學博士學位證書。

康乃爾大學法學科學博士學位證書。

國家圖書館出版品預行編目資料

法治的故事：從實例看美國法律 /
陶龍生著 -- 初版. -- 臺北市：
聯合文學, 2025. 04
264 面；14.8×21 公分 . -- (繽紛；244)
ISBN 978-986-323-676-4(平裝)

1.CST: 法制史 2.CST: 美國

580.952　　　　　　　　　　114003934

繽紛 244

法治的故事：從實例看美國法律

作　　　者／陶龍生	
發　行　人／張寶琴	
總　編　輯／周昭翡	業務部總經理／李文吉
主　　　編／蕭仁豪	發 行 助 理／詹益炫
資 深 編 輯／林劭璜	財　務　部／趙玉瑩
編　　　輯／劉倍佐	韋秀英
資 深 美 輯／戴榮芝	人事行政組／李懷瑩
文 稿 整 理／何麗慧 黃筱雯	版 權 管 理／蕭仁豪
法 律 顧 問／理律法律事務所	
陳長文律師、蔣大中律師	
出　版　者／聯合文學出版社股份有限公司	
地　　　址／臺北市基隆路一段 178 號 10 樓	
電　　　話／（02）27666759 轉 5107	
傳　　　真／（02）27567914	
郵 撥 帳 號／17623526 聯合文學出版社股份有限公司	
登　記　證／行政院新聞局局版臺業字第 6109 號	
網　　　址／http://unitas.udngroup.com.tw	
E-mail:unitas@udngroup.com.tw	
印　刷　廠／沐春行銷創意有限公司	
總　經　銷／聯合發行股份有限公司	
地　　　址／231 新北市新店區寶橋路 235 巷 6 弄 6 號 2 樓	
電　　　話／（02）29178022	

版權所有‧翻版必究

出 版 日 期／2025 年 4 月　初版
定　　　價／380 元

Copyright © 2025 by Louis L.S. Tao
Published by Unitas Publishing Co., Ltd.
All Rights Reserved
Printed in Taiwan

ISBN　978-986-323-676-4（平裝）　　　本書如有缺頁、破損、裝幀錯誤、請寄回調換